高等职业教育系列教材

UG NX 12.0 机械产品设计实例教程

主　编　刘军华　张　侠　徐　波
参　编　叶　锋　潘筠筠　许光明
主　审　宋志国

机械工业出版社

本书以UG NX 12.0版软件为载体选择了8个具有代表性的项目，介绍了一些设计方法在机械产品设计中的应用。项目1通过小轮组设计项目介绍软件的基本界面、建模环境、装配环境和制图环境，系统地介绍了软件的操作基础；项目2礼品盒设计项目介绍了UG NX软件建模系统；项目3计算机散热风扇设计项目介绍了软件的草图环境；项目4"自下而上"的千斤顶设计项目实现了机械产品设计入门，介绍了UG NX软件产品设计的一般过程；项目5"自上而下"的减速箱设计项目介绍了UG NX软件复杂产品设计的方法，实现机械产品设计进阶指引；项目6风机装配设计项目介绍了软件的装配功能；项目7减速箱制图项目介绍了UG NX软件制图环境；项目8通过五角星、连接器、花瓶、汤匙这些设计项目综合介绍了曲面产品的设计流程。

全书内容由浅入深、从易到难、描述简洁、图文并茂，主要步骤可以通过扫描书中二维码观看操作视频。本书可以作为高职高专装备制造大类专业教材，也可以作为UG NX软件初学者的入门教材，还可作为机械设计人员的参考用书。

本书配有电子课件、源文件等资源，可登录机械工业出版社教育服务网www.cmpedu.com免费注册，审核通过后下载，或联系编辑索取（微信：13261377872，电话：010-88379739）。

图书在版编目（CIP）数据

UG NX 12.0机械产品设计实例教程/刘军华，张侠，徐波主编. —北京：机械工业出版社，2023.8（2024.7重印）
高等职业教育系列教材
ISBN 978-7-111-73202-0

Ⅰ.①U… Ⅱ.①刘… ②张… ③徐… Ⅲ.①机械设计-计算机辅助设计-应用软件-高等职业教育-教材 Ⅳ.①F275

中国国家版本馆CIP数据核字（2023）第090099号

机械工业出版社（北京市百万庄大街22号 邮政编码100037）
策划编辑：曹帅鹏　　　　　责任编辑：曹帅鹏　赵小花
责任校对：郑　婕　王　延　责任印制：张　博
北京建宏印刷有限公司印刷
2024年7月第1版第2次印刷
184mm×260mm · 12.75印张 · 314千字
标准书号：ISBN 978-7-111-73202-0
定价：55.00元

电话服务　　　　　　　　　网络服务
客服电话：010-88361066　　机　工　官　网：www.cmpbook.com
　　　　　010-88379833　　机　工　官　博：weibo.com/cmp1952
　　　　　010-68326294　　金　　书　　网：www.golden-book.com
封底无防伪标均为盗版　　　机工教育服务网：www.cmpedu.com

Preface 前 言

目前已经出版的众多有关 UG NX 软件应用的书籍，有的仅介绍软件的各种命令、功能和用法，缺少针对机械产品设计的系统和项目式应用，还有的仅面向高级用户，重点介绍复杂曲面产品的设计或者逆向设计应用，满足高职高专院校机械设计与制造、模具设计与制造等专业教学需求的书籍较少。

本书以学习者为中心，以机械产品设计应用为出发点，选择了从易到难、从简至繁的小轮组、礼品盒、计算机散热风扇、千斤顶、减速箱、风机、花瓶、汤匙等典型产品作为项目载体，介绍了软件的三维模型、草图、装配、工程图、曲面等建模环境和常用命令，重点介绍了"自上而下"和"自下而上"的设计方法在机械产品设计中的应用。

本书从小轮组入门项目开始，至风机装配建模项目结束，由浅入深地介绍了建模、装配等软件功能，主要目的是让读者在学习过程中不断强化和巩固各项软件功能的应用，提高学习效果，达到学以致用的目的，为后续使用 UG NX 软件进行机械产品设计形成良好的设计思路。

为落实党的二十大精神和课程思政进教材的要求，本书通过"小课堂"栏目介绍了我国制造业相关的新成就，树立建设制造强国的信心。

本书提供的相关电子资源可以从机械工业出版社机工教育服务网下载。

本书由常州信息职业技术学院刘军华、张侠、徐波主编，宋志国副教授主审，参与编写的人员还有叶锋以及思瑞测量技术（深圳）有限公司的潘筠筠和许光明。 刘军华编写项目1、8，张侠编写项目2、3，徐波编写项目4、5，叶锋编写项目6、7，潘筠筠和许光明提供了部分建模案例。 由于编者水平有限，不当之处在所难免，望读者批评指正。

编　者

二维码清单

序号	名称	页码	序号	名称	页码
1	UG NX 12.0启动方法	3	28	底座	93
2	工作环境	4	29	顶垫	95
3	小轮	9	30	螺套	99
4	部件显示	11	31	螺钉	101
5	连接轴	12	32	千斤顶装配	103
6	支架	13	33	减速箱箱体	112
7	小轮组装配	17	34	蜗轮零件	117
8	支架制图	21	35	减速箱轴	119
9	功能区定制	24	36	减速箱装配体	121
10	选择功能	24	37	端盖零件的设计和装配	122
11	选择意图	26	38	箱盖设计	125
12	捕捉点	28	39	装配导航器	133
13	矢量参考	29	40	创建发动机子装配	137
14	参考特征	30	41	创建鼓风机子装配	140
15	信息查询	31	42	创建风机总装配	140
16	使用图层管理数据	32	43	装配间隙分析	142
17	显示和隐藏	33	44	装配爆炸图	144
18	坐标系	34	45	箱盖零件图的创建	154
19	数据交换	35	46	箱体零件图的创建	164
20	礼品盒盖	39	47	装配图的绘制	170
21	礼品盒底	41	48	五角星	180
22	礼品盒装配	43	49	连接器	181
23	风扇盖	65	50	花瓶	183
24	风扇座	68	51	汤匙曲线	187
25	叶片	68	52	汤匙曲面	191
26	计算机散热风扇装配	79	53	汤匙实体	193
27	螺杆	89			

目录 Contents

前言
二维码清单

项目 1　UG NX 软件入门——小轮组设计 …… 1

任务 1.1　认识 UG NX 12.0 软件 …… 2
　1.1.1　UG NX 12.0 简介 …… 2
　1.1.2　UG NX 12.0 中文版的启动 …… 3
　1.1.3　认识 UG NX 12.0 工作环境 …… 3
任务 1.2　认识建模环境——小轮组零件建模 …… 8
　1.2.1　小轮建模 …… 9
　1.2.2　连接轴和轮轴建模 …… 12
　1.2.3　支架建模 …… 13
任务 1.3　认识装配环境——小轮组零件装配 …… 17
　1.3.1　载入支架装配组件 …… 18
　1.3.2　建立支架与小轮的装配关系 …… 18
　1.3.3　装配其他组件 …… 19
　1.3.4　初识装配导航器 …… 21
任务 1.4　使用"图纸"模板创建零件图样 …… 21
　1.4.1　使用"图纸"模板创建图样和添加视图 …… 21
　1.4.2　为视图添加尺寸标注并保存文件 …… 23
任务 1.5　相关知识——UG NX 12.0 操作基础 …… 23
　1.5.1　功能区的定制 …… 24
　1.5.2　对象选择方式 …… 24
　1.5.3　矢量构造器 …… 29
　1.5.4　参考特征 …… 30
　1.5.5　信息查询与几何测量 …… 31
　1.5.6　使用图层管理数据 …… 32
　1.5.7　对象的显示与隐藏 …… 33
　1.5.8　坐标系 …… 34
　1.5.9　数据交换 …… 35
项目小结 …… 35
思考与练习 …… 35

项目 2　实体建模入门——礼品盒设计 …… 36

任务 2.1　认识 UG NX 软件建模系统 …… 37
任务 2.2　礼品盒建模 …… 38
　2.2.1　礼品盒盖建模 …… 38
　2.2.2　礼品盒底建模 …… 40
任务 2.3　礼品盒装配 …… 42
任务 2.4　相关知识——特征建模 …… 46
　2.4.1　体素特征 …… 46
　2.4.2　标准成型特征 …… 46
　2.4.3　特征操作 …… 48
　2.4.4　由 2D 轮廓生成特征——基本扫描特征 …… 53
　2.4.5　部件导航器 …… 56
项目小结 …… 60
思考与练习 …… 61

项目 3　草图建模应用——计算机散热风扇设计 …… 63

任务 3.1　熟悉 UG NX 软件草图环境 …… 64

任务 3.2 计算机散热风扇建模 ………… 65	任务 3.3 计算机散热风扇装配 ………… 79
3.2.1 风扇盖设计 ……………………… 65	项目小结 ……………………………………… 82
3.2.2 风扇座设计 ……………………… 68	思考与练习 …………………………………… 82
3.2.3 风扇叶片设计 …………………… 68	

项目 4 机械产品设计入门——"自下而上"的千斤顶设计 …………… 86

任务 4.1 熟悉 UG NX 软件产品设计的一般过程 ………………………… 87	4.2.3 千斤顶顶垫设计 ………………… 95
	4.2.4 千斤顶螺套设计 ………………… 99
任务 4.2 千斤顶建模 ……………………… 88	4.2.5 千斤顶螺钉设计 ………………… 101
4.2.1 轴类零件——千斤顶横杆、螺杆设计 …………………………… 89	任务 4.3 千斤顶装配 …………………… 103
	项目小结 ……………………………………… 108
4.2.2 千斤顶底座设计 ………………… 93	思考与练习 …………………………………… 108

项目 5 机械产品设计进阶——"自上而下"的减速箱设计 ………… 109

任务 5.1 熟悉 UG NX 软件复杂产品的设计方法 ………………………… 110	5.3.1 减速箱装配 …………………… 121
	5.3.2 减速箱"自上而下"装配建模——端盖设计 ……………………… 122
任务 5.2 减速箱建模 …………………… 110	
5.2.1 箱体类零件——减速箱底座箱设计 …………………………… 112	5.3.3 减速箱"自上而下"装配建模——箱盖设计 ……………………… 125
5.2.2 减速箱蜗轮、蜗杆设计 ………… 117	项目小结 ……………………………………… 127
5.2.3 减速箱轴设计 …………………… 119	思考与练习 …………………………………… 127
任务 5.3 减速箱装配建模 ……………… 121	

项目 6 机械产品装配实践——风机装配设计 ………… 128

任务 6.1 装配功能模块概述 …………… 129	6.2.2 创建风机子装配和总装配 ……… 136
6.1.1 装配术语介绍 …………………… 130	任务 6.3 风机装配应用 ………………… 142
6.1.2 装配导航器介绍 ………………… 132	6.3.1 风机装配间隙分析 ……………… 142
6.1.3 装配导航器操作指导 …………… 133	6.3.2 风机装配爆炸图 ………………… 144
任务 6.2 风机装配 ……………………… 134	项目小结 ……………………………………… 147
6.2.1 "自下而上"装配建模介绍 …… 134	思考与练习 …………………………………… 147

项目 7 机械产品制图实践——减速箱制图 ………… 148

任务 7.1 熟悉 UG NX 软件制图环境 ………………………………… 148	7.1.1 制图标准设置 …………………… 148
	7.1.2 添加图样的方法 ………………… 151
	7.1.3 添加视图的方法 ………………… 153

| 任务 7.2 | 减速箱零件制图 ·················· 154 | 任务 7.3 | 装配图的绘制 ····················· 170 |

任务 7.2　减速箱零件制图 ·················· 154
　7.2.1　箱盖零件图的创建 ··············· 154
　7.2.2　箱体零件图的创建 ··············· 164
任务 7.3　装配图的绘制 ····················· 170
项目小结 ······································· 174
思考与练习 ···································· 174

项目 8　曲面产品设计实践——汤匙建模 ………… 175

任务 8.1　初识 UG NX 软件曲面
　　　　　建模 ··························· 175
　8.1.1　了解曲面建模的概念和术语 ········ 175
　8.1.2　了解曲面建模的一般过程 ········· 176
　8.1.3　了解曲面建模的共同参数 ········· 177
　8.1.4　了解曲面建模的常用命令 ········· 178
　8.1.5　了解曲面建模的曲线 ············· 179
任务 8.2　曲面建模命令应用 ············· 179
　8.2.1　五角星建模 ······················ 180
　8.2.2　连接器建模 ······················ 181
　8.2.3　花瓶建模 ························ 183
任务 8.3　曲面建模综合应用——汤匙的
　　　　　建模 ··························· 185
　8.3.1　汤匙建模应用命令 ··············· 186
　8.3.2　创建汤匙线框和建模辅助线 ······· 187
　8.3.3　创建汤匙曲面 ··················· 191
　8.3.4　创建汤匙实体 ··················· 193
项目小结 ······································· 194
思考与练习 ···································· 194

项目 1　UG NX软件入门——小轮组设计

【项目介绍】

本项目以图 1-1 所示的小轮组为载体，通过完成小轮组的零件建模、装配、工程图输出等任务来认识 UG NX 12.0 的建模环境、装配环境和制图环境。

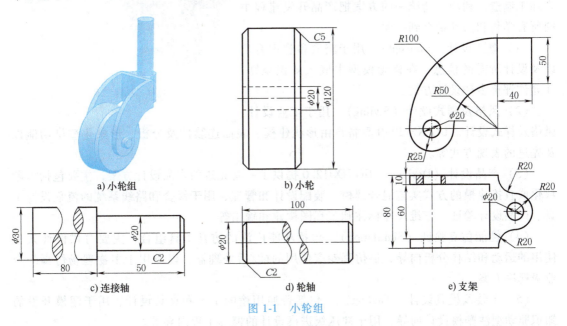

图 1-1　小轮组

【项目目标】

了解 UG NX 12.0 的主要功能和工作流程；掌握 UG NX 12.0 的启动方法、工作环境、鼠标/键盘操作、文件操作、对象选择、对象操作、坐标系、布局、图层操作、常用工具，以及测量对象和查询对象信息的方法。

【项目相关知识点】

- □ UG NX 12.0 的主要功能和工作流程。
- □ UG NX 12.0 的用户界面及其定制。
- □ UG NX 12.0 建模、装配、制图环境。
- □ UG NX 12.0 常用工具和基本操作方法。

任务 1.1　认识 UG NX 12.0 软件

1.1.1　UG NX 12.0 简介

UG NX 12.0 是一个用于完整产品工程的 CAD/CAM 解决方案（见图 1-2），它能很好地帮助制造商在集成的数字化环境中设计、模拟、验证产品及其生产过程，并能有效捕捉、应用和共享整个数字化过程中的知识，让制造商提高其战略优势。

1. UG NX 12.0 的技术特性

UG NX 12.0 包含一套完整的产品工程流程解决方案。UG NX 12.0 的应用程序从产品概念设计一直到加工制造，利用一套统一的方案把产品开发流程中的所有学科和活动融合到一起。

（1）概念设计（Concept）　用于获取和管理客户以及设计所需的信息，在概念模型中嵌入知识规则，并允许评价多种设计方案。

图 1-2　UG NX 12.0 数字化产品开发流程

（2）风格及样式设计（Styling）　用于工业设计、风格及样式设计。UG NX 12.0 具备自由形状建模、表面连续性及分析、形象化渲染功能以及先进的表现方式等。

（3）产品设计（Design）　UG NX 12.0 提供了一套先进的产品设计方案，主要包括以参数化或直接建模的方式实施混合建模、装配设计和管理、用于钣金和路线系统的流程设计工具、产品设计验证、三维尺寸标注和工程图构建和输出等。

（4）性能仿真验证（Simulation）　包括功能广泛的仿真工具组合，主要有供设计人员使用的运动和结构分析向导、供仿真专家使用的前/后处理器，以及用于多物理场仿真的企业级解决方案。

（5）工装及模具设计（Tooling）　包括普通用途的工装和夹具设计、用于塑模开发的知识驱动型注塑模设计向导、用于冲压级进模设计的模具工程向导等。

（6）加工制造（Machining）　行业领先的数控编程解决方案，集成刀具路径生成和机床运动仿真功能，能够根据需要生成后处理程序、车间工艺文档，并有效地管理制造资源等。

2. UG NX 12.0 的工作流程

UG NX 12.0 的数字化产品开发过程体现了并行工程的思想。其强大的参数化建模功能支持模型的实时修改，系统能够自动更新模型，以满足设计要求。应用 UG NX 12.0 进行数字化产品开发的一般流程如图 1-3 所示。

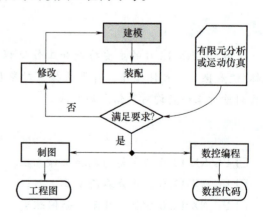

图 1-3　UG NX 12.0 数字化产品开发的一般流程

3. 本书内容说明

□ 鼠标按键：MB1——左键，MB2——中键，MB3——右键。
□ 键盘按键：以"<>"表示，如<Ctrl><Alt><Enter>等。
□ 使用"【】"表示菜单选项和工具条。
□ 选择菜单命令：以"/"间隔，如"【File】/【Open】"。
□ 操作过程：为了简化描述，使用"→"表示下一步操作，"OK"表示"确定"按钮。

小课堂：中国制造世界上最厉害的风机

"复兴号"以350km/h的运营速度领跑全球。数字化技术在制造过程中扮演着至关重要的角色。转向架是"复兴号"的关键部件之一。一个转向架有400多种零部件，从上线装配到完成制造，会产生近万项制造数据。通过转向架数字化装配线，借助物联网、智能传感等技术，对以数控机床、扭矩采集、辅助装配为主的智能设备进行联网联控，实现了转向架制造数据的自动采集、自动判定和自动归集。"一个螺栓用了多大扭矩？装配尺寸是多少？转向架装配中的每一个制造数据都会被精确采集和记录。"近万项的制造数据，包括人员信息、设备信息、物料信息、质量信息等，形成一个转向架的电子化"制造履历"，实现了制造过程的可追溯，可以更好地保障转向架的装配质量。基于装配大数据，能够对产品一次交检合格率、工序能力指数、质量稳定性等数据进行分析，从而提高制造效率和产品质量。

1.1.2　UG NX 12.0中文版的启动

以 Windows 10 系统为例，UG NX 12.0 中文版完成安装后，有以下几种启动方法。

UG NX 12.0 启动方法

1）选择【开始】/【程序】/【Siemens NX 12.0】/【NX 12.0】，系统启动 UG NX 12.0 进程。UG NX 12.0 第一次启动时不会自动创建任何部件，需要用户新建或者打开文件。

2）选择【开始】/【程序】/【Siemens NX 12.0】，右击 NX 12.0 图标，在弹出的快捷菜单中选择"固定到开始屏幕"，以后可以直接在开始屏幕中直接单击图标启动软件。

3）选择【开始】/【程序】/【Siemens NX 12.0】，将其中的 NX 12.0 图标直接拖动至桌面上，即可在桌面上双击图标启动软件。

4）右击桌面上的 NX 12.0 图标，在弹出的快捷菜单中选择"固定到任务栏"，之后可以直接单击任务栏中的 NX 12.0 图标启动软件。

5）找到安装目录下的"ugraf.exe"文件，双击启动软件。

软件初始启动界面如图1-4所示。用户可以新建文件或者打开一个已有的文件，也可以单击"欢迎页面"中的内容了解相关的操作方法。

1.1.3　认识UG NX 12.0工作环境

单击启动界面上方的"新建"按钮或者选择【文件】/【新建】命令，弹出"新建"对

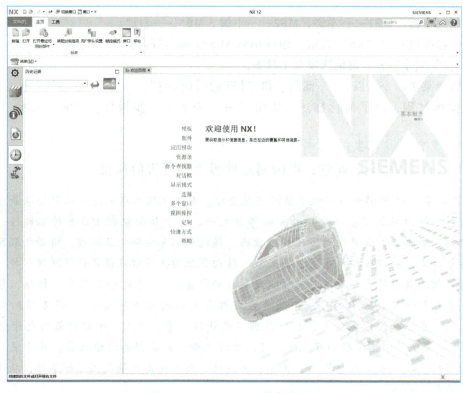

图 1-4　UG NX 12.0 初始启动界面

话框，如图 1-5 所示。在"名称"文本框中输入文件名，在"文件夹"文本框中选择或新建一个新文件的保存路径，然后单击"确定"按钮，软件进入工作窗口，如图 1-6 所示。

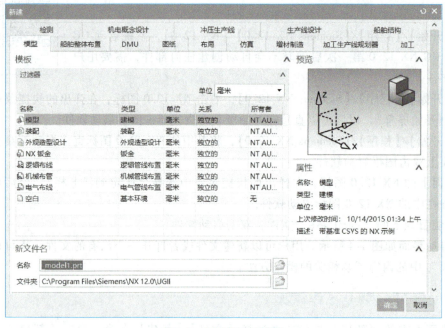

工作环境

图 1-5　"新建"对话框

项目1　UG NX软件入门——小轮组设计

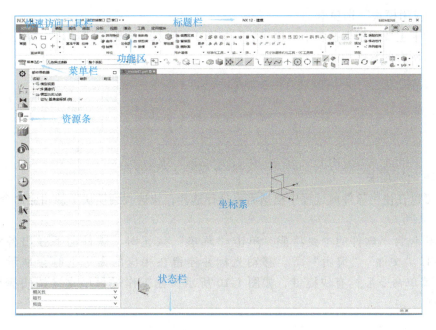

图 1-6　工作窗口

下面按照从左至右、从上至下的顺序依次介绍工作窗口的内容。

1. 快速访问工具栏

快速访问工具栏位于窗口的左上部，主要包含文件系统的基本操作命令，如"新建""打开""保存""窗口"等，如图 1-7 所示。

图 1-7　快速访问工具栏

2. 标题栏

标题栏位于窗口顶部的中间位置，主要显示软件的版本、当前应用的模块、文件名等当前工作状态信息。

3. 功能区

功能区分为"主页""装配""曲线""曲面""分析""视图""渲染""工具""应用模块"等选项卡。系统默认打开的是"主页"选项卡。

（1）"主页"选项卡

"主页"选项卡提供了参数化实体特征建模的大部分工具和命令，如图 1-8 所示，主要有"草图""直接草图""特征""同步建模"等。

图 1-8　"主页"选项卡

（2）"应用模块"选项卡

该选项卡主要用于切换各个应用模块，如图1-9所示，主要有"设计""加工""仿真"等，包含了所有的软件功能。

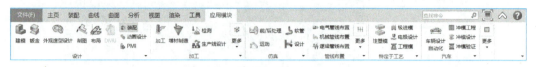

图1-9 "应用模块"选项卡

（3）其他选项卡

用户可以在使用软件的过程中根据需要进行选择，快速找到模块下的相应命令。

4. 菜单栏

菜单栏包含了软件的主要功能。单击"菜单"按钮时，软件向下弹出各种功能菜单，主要有"文件""编辑"等。移动光标并停留在相应的命令上时会显示出其子菜单。部分菜单命令后标有快捷键，如图1-10所示，在工作过程中直接按快捷键即可执行相应命令。

图1-10 "菜单"按钮

5. 上边框条

上边框条提供了用于选择对象、捕捉点、改变视图和对象显示状态的各种工具，用户可以根据需要进行选用，如图1-11所示。

图1-11 菜单功能图

6. 资源条

资源条中包括装配导航器、约束导航器、部件导航器、Web浏览器、历史记录等，最常用的是前三个，如图1-12所示。

图1-12 装配导航器、约束导航器和部件导航器

7. 工作区和坐标系

工作区是设计绘图的区域，主要用于创建、显示和修改部件。工作区中的坐标系有三

类：左下角的绝对坐标系、中间的基准坐标系和工作坐标系。

8. 状态栏

状态栏默认位于工作区的下方，用于提示用户如何操作。执行命令时，状态栏会显示操作的提示信息，这对初学用户很有帮助。早期的 UG 版本中，状态栏位于上边框条和工作区中间位置，若有需要可以通过【菜单】/【首选项】/【用户界面】进行修改：在弹出的"用户界面首选项"对话框"布局"下选择"顶部"即可，如图 1-13 所示。

图 1-13　状态栏位置调整

9. 鼠标和键盘

（1）鼠标

鼠标左键 MB1："单击"操作用于选择对象；"按住并移动光标"用于拖拽对象；"双击"对象可执行默认操作。

\<Shift\>+鼠标左键 MB1：在列表中选择连续的多个选项。

\<Ctrl\>+鼠标左键 MB1：选择或取消选择列表中的多个非连续选项。

\<Alt\>+鼠标左键 MB1：临时禁用捕捉功能，如"点捕捉"等。

鼠标中键 MB2："单击"操作可执行对话框中的默认动作按钮，如"确定"等；"按住并移动"用于视图旋转。

\<Alt\>+鼠标中键 MB2：取消对话框。

鼠标右键 MB3："单击"操作用于打开快捷菜单。

鼠标左键 MB1+鼠标中键 MB2：视图的动态缩放，与鼠标滚轮具有类似的功能。

鼠标中键 MB2+鼠标右键 MB3：控制视图的动态平移操作。

注意：在不同操作状态下，图形窗口中的光标会显示不同的样式，指示用户正确操作模型。

（2）键盘

\<Home\>键：在正三轴测视图中定向几何体。

\<End\>键：在正等测图中定向几何体。

\<Ctrl+F\>组合键：使几何体的显示适合图形窗口。

<Alt+Enter>组合键：在标准显示和全屏显示之间切换。
<F1>键：查看关联的帮助。
<F4>键：查看信息窗口。
<F8>键：定向视图到最近的正交视图。

注意：上述鼠标操作的效果，在工作区空白处按住鼠标右键MB3并拖动，软件弹出控制几何体显示的快捷命令组合，用户移动光标到需要的命令后释放鼠标右键，可以达到快速操作目的，如图1-14所示。该方法在不同的对象上弹出的快捷命令组合不同，用户可以多加体会，提高绘图效率。

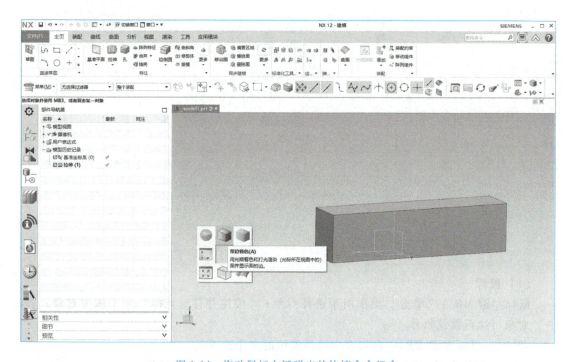

图1-14 拖动鼠标右键弹出的快捷命令组合

任务1.2 认识建模环境——小轮组零件建模

任务分析

本任务通过小轮组零件的建模，帮助用户熟悉UG NX 12.0的建模环境，学习建模环境中的重要命令，主要包括以下内容。

□ UG NX 12.0的用户界面和基本操作方法。
□ 在建模环境下创建简单的零件模型。
□ 能够利用模板新建部件。
□ 熟悉"建模环境"界面，创建一个简单的实体部件。

设计任务如图1-15所示，小轮组包括支架、轮轴、小轮和连接轴四个零件。

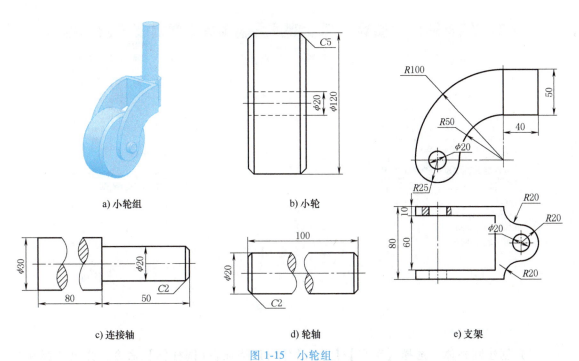

图 1-15 小轮组

1.2.1 小轮建模

小轮模型需要依次完成以下三个建模特征：圆柱体→孔→倒角，如图 1-16 所示。

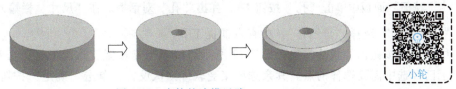

图 1-16 小轮的建模思路

1. 启动 UG NX 12.0 并新建一个部件

1）选择【开始】/【程序】/【SIEMENS NX 12.0】/【NX 12.0】，或者双击桌面上的图标 ，启动软件。UG NX 12.0 第一次启动时不会自动创建任何部件，需要用户新建或者打开文件。

注意：UG NX 的标准部件文件类型为"*.prt"，且主要应用模块的文件扩展名均一致。有时为了区分，可以在文件名上添加后缀来表示不同类型的部件，如"_asm"表示装配部件，"_drf"表示制图部件，"_mfe"表示加工部件等。

2）首先在 D 盘根目录下新建"小轮组"文件夹，单击"新建"按钮 或者选择【菜单】/【文件】/【新建】命令，弹出"新建"对话框，"单位"选择"毫米"，"名称"为"小轮.prt"，"文件夹"为"D：\小轮组\"，单击"确定"按钮，如图 1-17 所示。

注意：此处可以选择新建对象的类型，如"模型""图纸""仿真"等，默认为"模型"。

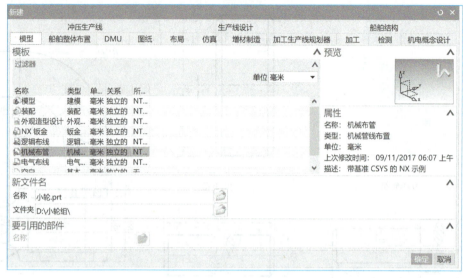

图 1-17 "新建"对话框

2. 在建模环境中创建小轮模型

1）创建圆柱体：选择【菜单】/【插入】/【设计特征】/【圆柱体】命令，弹出"圆柱"对话框，在"尺寸"栏输入"直径"为 120，"高度"为 50，其余使用系统默认设置，单击"确定"按钮，完成圆柱体的创建，如图 1-18 所示。

2）创建孔特征：选择【菜单】/【插入】/【设计特征】/【孔】命令，或者直接在"主页"选项卡"特征"面板中单击"孔"按钮，弹出"孔"对话框。在"尺寸"栏输入"直径"为 20，"深度限制"选择"贯通体"。检查点捕捉工具中圆心点按钮已经激活，选择图 1-19 所示边线，当光标置于边上时，圆心显示为球状，表示已经选中需要选择的点。其余选项接受软件默认设置，单击"确定"按钮完成孔的创建。

图 1-18 "圆柱"对话框

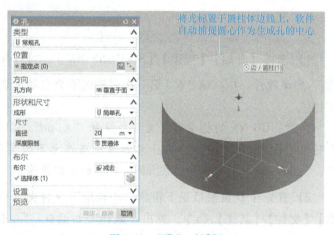

图 1-19 "孔"对话框

3）创建边倒斜角：选择【菜单】/【插入】/【细节特征】/【倒斜角】命令，弹出"倒斜角"对话框，如图 1-20 所示。确认"横截面"为"偏置和角度"，"距离"设为 5，"角度"

设为 45°，选择圆柱体两端的边线，单击"确定"按钮，完成倒斜角。

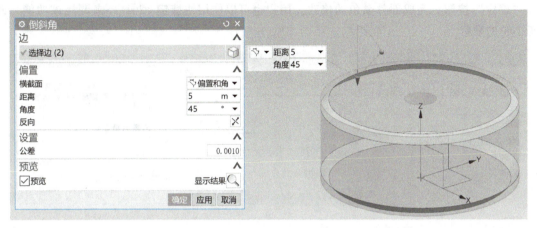

图 1-20 "倒斜角"对话框

4）保存文件：单击"保存"按钮![]，或者选择【文件】/【保存】/【保存】命令，文件将按照新建时的设置进行保存。

3. 控制部件的显示

为了更好地观察设计完成的部件，可以旋转、平移、放大/缩小部件，或者改变部件的外观、改变部件的渲染特性。

部件显示

UG NX 12.0 提供了多种控制部件显示的方法，上边框条中的部分按钮可以用于控制部件的旋转、平移和缩放，也可以利用快捷键和右键快捷菜单来执行这些操作。

1）旋转视图：单击"旋转"按钮 →在工作区中按住 MB1 并移动光标→单击 MB2 关闭旋转模式。

2）使用鼠标按键旋转视图：在工作区中按住 MB2 并移动光标。

3）按<End>键，视图定向到"正等测图"；按<Home>键，视图定向到"正三轴测视图"；<F8>键为定向到最近的正交视图或选定的平面视图。

4）平移视图：单击"平移"按钮 →按住 MB1 并移动光标→释放鼠标按键→单击 MB2 关闭平移功能。

5）使用鼠标平移视图：按住 MB2 和 MB3 并移动光标→释放鼠标按键。

6）缩放视图：前后滚动 MB2 可以对视图进行缩放，同时按下 MB1 和 MB2 并移动光标或同时按住<Ctrl>键和 MB2 移动光标，可以对视图进行动态缩放。

7）窗口缩放：单击"缩放"按钮 →按住 MB1 并拖拽一个矩形→释放鼠标按键，系统将矩形框内的内容显示到全屏幕。

8）单击"适合窗口"按钮 ，系统切换所有部件到全屏显示。

9）改变部件的外观：选择【菜单】/【编辑】/【对象显示】命令或者单击"视图"选项卡"可视化"面板上的"编辑对象显示"按钮 ，弹出"类选择"对话框，如图 1-21a 所示，选择小轮模型，弹出"编辑对象显示"对话框，如图 1-21b 所示。在"编辑对象显示"

对话框中单击"颜色"方框,弹出"颜色"对话框,如图1-21c所示。选择一种颜色,单击"确定"按钮,完成部件颜色的修改。用户也可以使用快捷键<Ctrl+J>来调用该功能,改变小轮的颜色。

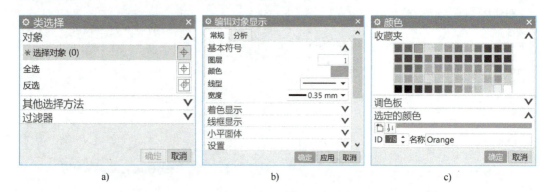

图1-21 改变小轮的颜色

10)改变部件的渲染特性:系统默认使用"带边框着色模式",单击 按钮右侧的黑色三角形可以改变部件的渲染特性。小轮的静态线框、带边着色、带有隐藏边的线框显示结果如图1-22所示。

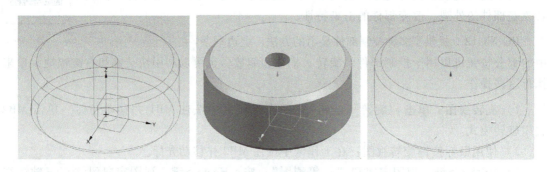

图1-22 小轮的渲染特性

用户可以根据以上10个步骤在创建好的小轮上进行操作,加强对控制部件显示命令的应用熟练程度。

1.2.2 连接轴和轮轴建模

1. 连接轴的建模

1)创建文件:单击"新建"按钮,或者选择【菜单】/【文件】/【新建】命令,弹出"新建"对话框,"单位"选择"毫米","名称"为"连接轴.prt","文件夹"为"D:\小轮组\",单击"确定"按钮。

连接轴

2)创建圆柱体:选择【菜单】/【插入】/【设计特征】/【圆柱体】命令,弹出"圆柱"对话框,在"尺寸"栏输入"直径"为30,"高度"为80,其余使用系统默认设置。单击"确定"按钮,完成圆柱体的创建。

3)创建另一圆柱体:选择【菜单】/【插入】/【设计特征】/【圆柱体】命令,弹出"圆柱"对话框，在"尺寸"栏输入"直径"为20，"高度"为130，"布尔"选择"合并"，其余使用系统默认设置。单击"确定"按钮，完成连接轴的创建，如图1-23所示。

4）边倒斜角：选择【菜单】/【插入】/【细节特征】/【倒斜角】命令，弹出"倒斜角"对话框，确认"横截面"为"偏置和角度"，输入"距离"为2，"角度"为45，选择图1-24所示的圆柱体边线，单击"确定"按钮，完成倒斜角。

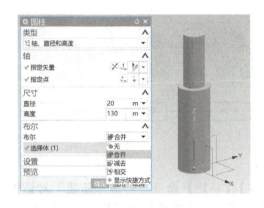

图1-23　连接轴建模

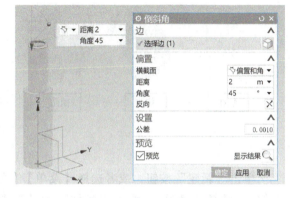

图1-24　连接轴倒斜角

2. 轮轴的建模

1）创建文件：单击"新建"按钮，或者选择【文件】/【新建】命令，弹出"新建"对话框，"单位"选择"毫米"，输入"名称"为"轮轴.prt"，"文件夹"为"D:\小轮组\"，单击"确定"按钮。

2）创建圆柱体：选择【菜单】/【插入】/【设计特征】/【圆柱体】命令，弹出"圆柱"对话框，在"尺寸"栏输入"直径"为20，"高度"为100，其余使用系统默认设置。单击"确定"按钮，完成圆柱体的创建。

3）创建边倒斜角：选择【菜单】/【插入】/【细节特征】/【倒斜角】命令，弹出"倒斜角"对话框，确认"横截面"为"偏置和角度"，输入"距离"为2，"角度"为45，选择圆柱体两端的边线，单击"确定"按钮，完成倒斜角。

1.2.3　支架建模

小轮、连接轴、轮轴等零件都是由基本体素构成的，对于这一类零件的建模，无须绘制剖面图形，即可通过软件提供的体素特征和标准成型特征完成设计。而小轮组支架的构成相对复杂，本任务将通过小轮组支架零件的建模过程来介绍使用草图辅助建模的基本功能。

支架

任务分析

- 使用图层工具进行产品管理。
- 使用不同的方法控制部件的外观显示。
- 使用草图绘制环境绘制简单的草图。
- 了解拉伸、抽壳、圆角等常用的建模功能。

建模思路

小轮组支架的基本实体由两部分构成，都是剖面相同的直壁形状，可以使用拉伸功能实现，需要首先构造拉伸剖面，这可以使用 UG 的草图功能辅助完成，然后再完成其他细节的设计。建模思路如图 1-25 所示。

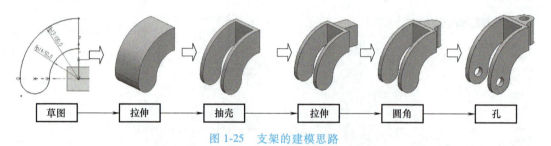

图 1-25 支架的建模思路

1. 创建文件

单击"新建"按钮，或者选择【菜单】/【文件】/【新建】命令，弹出"新建"对话框，"单位"选择"毫米"，输入"名称"为"支架.prt"，"文件夹"为"D：\小轮组\"，单击"确定"按钮。

2. 绘制草图、拉伸及抽壳

1）启动"拉伸"功能，激活草图功能：选择【菜单】/【插入】/【设计特征】/【拉伸】命令，弹出"拉伸"对话框，如图 1-26a 所示。单击"绘制截面"按钮，弹出"创建草图"对话框，如图 1-26b 所示，单击"确定"按钮，接受系统默认设置，进入草图绘制环境。

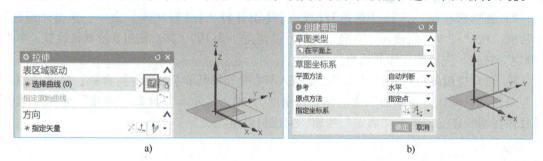

图 1-26 在"拉伸"对话框中创建草图

2）绘制草图：单击"圆弧"按钮，在弹出的对话框中单击 按钮（中心和端点定圆弧方式），捕捉基准坐标系原点，绘制以原点为圆心的两段同心圆弧，如图 1-27a 所示；单击"直线"按钮，捕捉两段圆弧右侧的端点绘制直线，如图 1-27b 所示；单击 按钮，拖动光标划过两个圆弧下端，如图 1-27c 所示，框选图 1-27d 所示下部的虚线和点，按 <Delete> 键，删除倒圆角产生的不需要的残留点，完成草图绘制。

3）约束草图：选择直线和竖直基准轴，在竖直基准轴上右击，选择图 1-27e 所示的"共线"约束，使直线和基准轴共线；捕捉底部圆弧圆心和水平基准轴，右击水平基准轴，选择图 1-27f 所示的"点在曲线上"，约束圆心到水平基准轴上；双击圆弧半径尺寸，将两个同心圆弧的半径修改为 R100 和 R50，如图 1-27g 所示，草图显示完全约束（状态栏）。单击"完成草图"按钮，退出草图绘制环境。

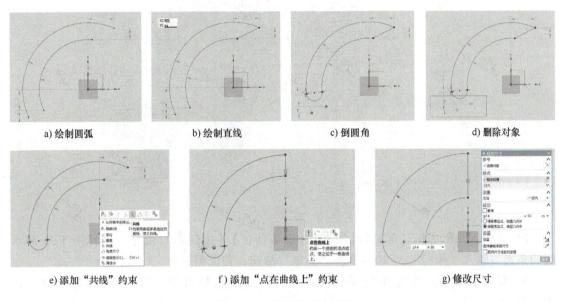

图 1-27　绘制拉伸剖面草图

4）创建拉伸体：在"拉伸"对话框的"限制"栏输入开始距离为 0，结束距离为 80。如图 1-28 所示，单击"确定"按钮，完成拉伸体的创建。

5）创建抽壳特征：选择【菜单】/【插入】/【偏置/缩放】/【抽壳】命令→选择图 1-29 所示的开口面→输入"厚度"10→确定后完成抽壳。

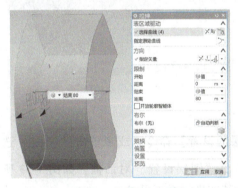

图 1-28　"拉伸"对话框

图 1-29　抽壳开口面选择及设置

3. 创建带偏置的拉伸、倒圆角和创建孔特征

1）创建带偏置的拉伸：选择【菜单】/【插入】/【设计特征】/【拉伸】命令，选择图 1-30 所示的边线，输入"开始"值 20，"结束"值 60（如果方向相反，则输入负值）；单击"偏置"右侧的下拉按钮，选择"偏置"为"两侧"，输入"开始"为 0，"结束"为 -40（如果方向相反，则输入正值）；选择"布尔"为"合并"，单击"确定"按钮，完成拉伸。

注意：如果开始选择的草图平面和方位不同，则拉伸方向和偏置方向可能互换，请读者自行按照图样尺寸修改参数以符合设计要求。

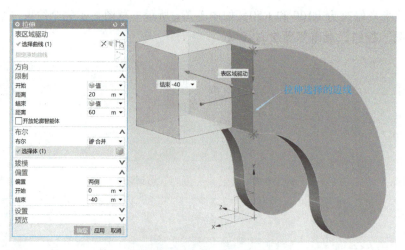

图 1-30　创建带偏置的拉伸

2）边倒圆角：选择【菜单】/【插入】/【细节特征】/【边倒圆】命令→选择图 1-31 所示的四条边→输入"半径"为 20→单击"确定"按钮，完成倒圆角。

3）创建孔特征：参考小轮零件孔的设计，完成直径为 20 的两个通孔的创建，如图 1-32 所示。

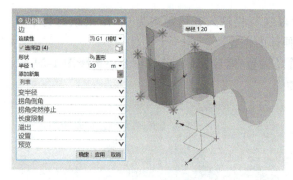

图 1-31　边倒圆角

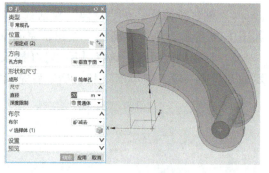

图 1-32　创建孔特征

4. 支架零件图层设置

1）整理支架图层：选择【菜单】/【格式】/【图层的设置】命令，或者单击"视图"选项卡"可见性"面板中的"图层设置"按钮，弹出"图层设置"对话框，如图 1-33 所示。取消勾选 61 复选框，图层 61 关闭，其中的对象基准坐标系不可见。

2）初识图层：NX 提供了 256 个图层，用于产品数据管理，用数字表示为 1～256。每一个图层都可以设置为以下四种不同的状态。

- 设为工作层：工作层只能有一个，几乎所有新对象都在工作层产生。
- 设为可选：可选层中的对象可见且可以选择。
- 设为仅可见：此状态图层中的对象是可见的，但不能选择。
- 设为不可见：此状态图层中的对象是不可见的。

"图层设置"对话框及图层状态如图 1-34 所示。

项目1　UG NX软件入门——小轮组设计

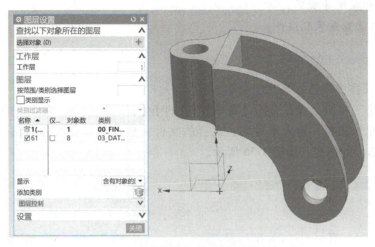

图1-33　关闭支架基准坐标系图层

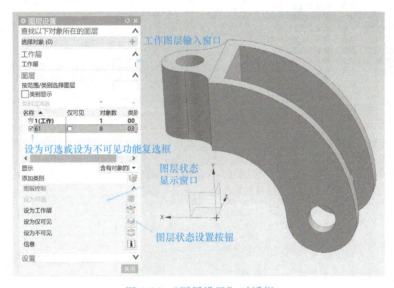

图1-34　"图层设置"对话框

任务1.3　认识装配环境——小轮组零件装配

任务分析

小轮组装配

装配部件是组件装配的集合，组件之间根据设计意图，通过各种约束进行定位，确定产品装配关系。可通过装配导航器约束和管理组件。本任务主要完成以下工作。

📖 新建一个装配模板。

📖 添加装配组件。

📖 添加简单的装配约束。

📖 初步认识装配导航器。

📖 隐藏/取消隐藏装配组件。

1.3.1 载入支架装配组件

1. 基于装配模板新建一个装配部件

单击"新建"按钮，或者选择【菜单】/【文件】/【新建】命令，在弹出的"新建"对话框中选择"装配"模板，输入文件名，保存的文件夹建议与零件文件相同，单击"确定"按钮完成装配部件的创建，如图 1-35 所示。

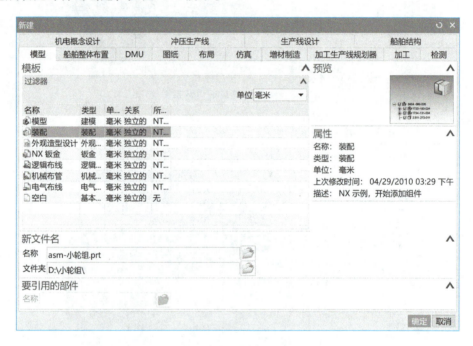

图 1-35　新建装配文件

2. 装配小轮组第一个组件——支架

装配文件创建之后软件弹出"添加组件"对话框，如图 1-36 所示，在对话框中单击"已加载的部件"中的"打开"按钮，弹出图 1-37 所示的"部件名"对话框，选择"支架.prt"文件，单击 OK 按钮。设置"位置"为"绝对坐标系-工作部件"，单击"确定"按钮，弹出"固定约束"对话框，选择"是"，软件自动创建添加在支架上的固定约束（装配时第一个组件一般都添加固定约束），完成第一个组件的装配。

1.3.2 建立支架与小轮的装配关系

1. 载入小轮组件

选择【菜单】/【装配】/【组件】/【添加组件】命令，或者单击"主页"选项卡下的"添加组件"按钮，在弹出的"添加组件"对话框中设置"位置"为"绝对坐标系-工作部件"，单击"打开"按钮选择需要装配的小轮组件并确认，小轮组件出现在窗口中，如图 1-38 所示。

图 1-36 "添加组件"对话框

图 1-37 "部件名"对话框

图 1-38 添加小轮组件

2. 添加支架和小轮的组件约束

选择"添加组件"对话框"放置"栏的"约束"项,单击"约束类型"栏的"接触对齐"按钮 ,在"要约束的几何体"栏修改"方位"为"自动判断中心/轴",在图形窗口依次选择图 1-39a 所示的小轮外侧圆柱面 1 和支架内孔面 2,完成中心对齐;单击"约束类型"栏的"中心"按钮 ,在"要约束的几何体"栏修改"子类型"为"2 对 2",依次选择小轮上的面 1、面 2 和支架上的面 3 和面 4 两组平行平面,如图 1-39b 所示。单击"确定"按钮,完成小轮模型的装配。

1.3.3 装配其他组件

1) 参照小轮的装配过程,完成轮轴的装配,过程如图 1-40 所示。

2) 参考添加轮轴的方法,添加连接轴。单击"约束类型"栏的"接触对齐"按钮 ,在"要约束的几何体"栏修改"方位"为"接触",在图形窗口中依次选择图 1-41a 所示的连接轴端面 1 和支架面 2,完成接触对齐约束的添加。

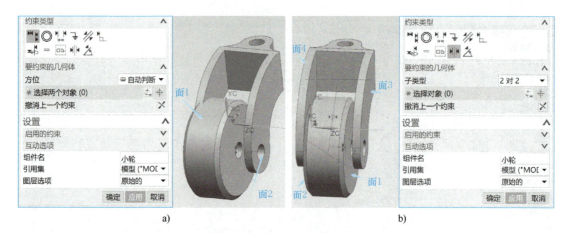

图 1-39　添加小轮组件的装配约束

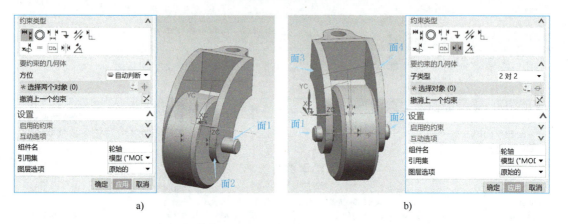

图 1-40　轮轴装配

3）单击"约束类型"栏的"接触对齐"按钮，在"要约束的几何体"栏修改"方位"为"自动判断中心/轴"，在图形窗口中依次选择连接轴外侧圆柱面 1 和支架内孔面 2，完成中心对齐，如图 1-41b 所示。至此，完成了小轮组四个组件的装配，用到的约束有接触、对齐、中心等。

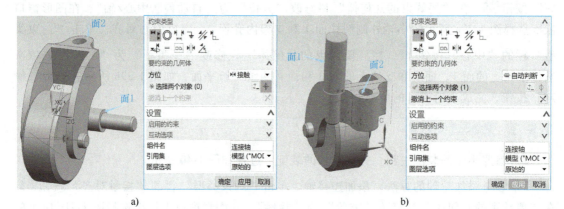

图 1-41　连接轴装配

1.3.4 初识装配导航器

在资源条中单击"装配导航器"按钮，单击弹出面板左上角的按钮，选择"锁住"选项。如图1-42所示，装配导航器将添加的约束和组件分开管理，约束在上方，组件在下方。"+""-"表示展开或折叠子装配或约束。如果想隐藏/取消隐藏组件，可以单击组件前面的标记"√"，如单击后红色标记变成灰色，表示隐藏该组件；灰色标记变成红色，表示显示（取消隐藏）该组件。右击"约束"，单击取消在图形窗口中显示约束的"√"，则模型上不再显示已经添加的约束。

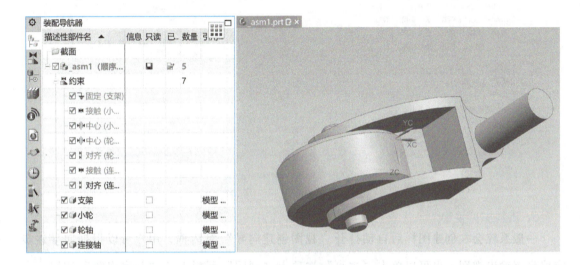

图1-42 装配导航器

任务1.4 使用"图纸"模板创建零件图样

任务分析

在"制图（Drafting）"应用环境中，应用"图纸"模板创建图样，然后在图样中添加视图、尺寸，可以快速完成部件的2D工程图输出。本任务以支架为例主要完成以下工作。

支架制图

- 了解使用"图纸"模板创建零件图样的一般过程。
- 了解如何在图样中插入基本视图和投影视图。
- 了解如何在视图中添加尺寸标注。

1.4.1 使用"图纸"模板创建图样和添加视图

1. 新建图样文件

首先打开"支架.prt"文件，然后选择【文件】/【新建】命令，在"新建"对话框中切换到"图纸"选项卡，在"模板"列表中选择"A4-无视图"，软件自动在文件名"支架"后添加"-dwg1",用于区别建模文件和 2D 工程图文件,如图 1-43 所示。单击"确定"按钮,系统自动创建 A4 竖版标准图纸。

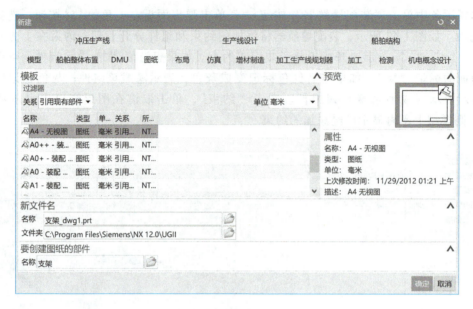

图 1-43　使用"图纸"模板

2. 添加支架视图

一般系统会在创建图样后自动打开"视图创建向导"对话框,用户可以根据向导逐步完成设置输出视图。也可以单击"主页"选项卡"视图"面板上的"基本视图"按钮,或者通过选择【菜单】/【插入】/【视图】/【基本】命令,在弹出的"基本视图"对话框中选择合适的模型视图方位。此处"要使用的模型视图"选择"俯视图",并设置"比例"为 1∶2,输出图 1-44a 所示的视图。然后在图形窗口的合适位置放置视图。视图放置之后系统自动打开"投影视图"对话框,移动光标到合适的正交方向上放置投影视图。最终效果如图 1-44b 所示。

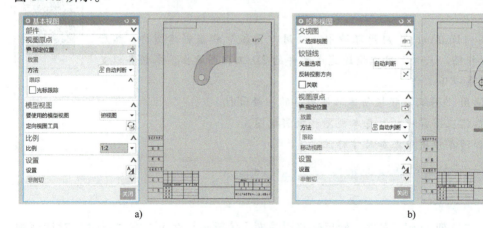

a)　　　　　　　　　　　　　　　b)

图 1-44　添加俯视图和投影视图

1.4.2 为视图添加尺寸标注并保存文件

1. 为视图添加尺寸标注

单击"主页"选项卡"尺寸"面板上的"快速"按钮，或者选择【菜单】/【插入】/【尺寸】/【快速】命令，根据系统提示选择单个圆弧为其添加尺寸，或选择两个对象拖动尺寸到合适的位置并单击 MB1，完成水平或者竖直尺寸的标注。

2. 保存文件

使用快捷键<Ctrl+S>快速保存文件，或者单击【文件】/【保存】按钮后选择其他保存方式，如另存为、仅保存工作部件等。

3. 输出 PDF 文件

选择【文件】/【导出】/【PDF】命令，弹出"导出 PDF"对话框，设置导出路径，单击"确定"按钮，即可将当前工程图导出为 PDF 文件，如图 1-45 所示。

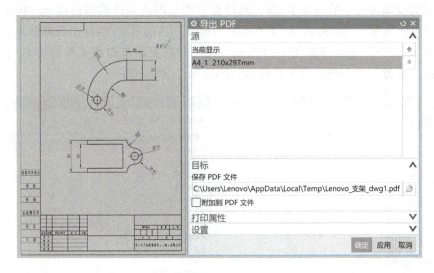

图 1-45 "导出 PDF"对话框

任务 1.5 相关知识——UG NX 12.0 操作基础

任务分析

此任务将详细介绍在使用 UG NX 12.0 过程中一些必需的基本操作和工具，如定制软件界面、对象选择、矢量构造器、参考特征、信息查询与测量、使用图层管理数据、对象的显示和隐藏、坐标系应用、数据交换等，熟练掌握这些内容将为后续的学习提供坚实的基础。

- 使用"自定义"对话框进行用户界面的定制。
- 利用图层设置、移动至层、图层分类等操作进行部件的图层管理。
- 了解 UG NX 12.0 的坐标系统。
- 使用动态坐标系（WCS）进行 WCS 变换。

1.5.1 功能区的定制

UG NX 12.0 进入工作窗口之后只显示默认的功能区，用户可以根据自己的需要定制包含个人常用命令和符合个人使用习惯的功能区。

功能区定制

1. "定制"命令的执行方式和操作步骤

用户可以选择【菜单】/【工具】/【定制】命令或者在工具栏空白处的任意位置单击鼠标右键，在弹出的快捷菜单中选择"定制"命令。执行"定制"命令后，软件弹出"定制"对话框，如图1-46所示。对话框包含"命令""选项卡/条""快捷方式""图标/工具提示"四个选项卡，单击相应的标签，利用显示的选项卡即可进行界面的定制，完成设置后，单击"关闭"按钮即可退出"定制"对话框。

2. "定制"命令的选项说明

1) "命令"选项卡如图1-46所示，用于设置显示或隐藏功能区中的按钮命令，在"类别"栏找到需要添加命令的选项卡/条，然后在"项"栏找到待添加的命令，将该命令拖至工作窗口相应的选项卡/组即可。对于不需要的命令，从选项卡/组拖出后释放鼠标即可。

2) "选项卡/条"选项卡如图1-47所示，用于设置显示或隐藏某些选项卡/条、新建选项卡，单击"重置"命令即可恢复软件默认的选项卡/条设置。

图1-46 "定制"对话框"命令"选项卡

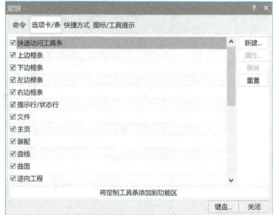

图1-47 "选项卡/条"选项卡

3) "快捷方式"选项卡如图1-48所示。在"类型"列表中选择相应的类型，可显示对应的快捷菜单，也可以为在图形窗口或者导航器中选择的对象定制其快捷菜单或圆盘工具条。

4) "图标/工具提示"选项卡如图1-49所示，用于设置是否完全显示下拉菜单、设置恢复默认菜单，以及设置功能区和菜单按钮的大小。

1.5.2 对象选择方式

使用 UG NX 12.0 进行各种操作，实际上就是对某些对象进行不断选择和执行操作的过程。系统对于不同操作给定了一系列选择工具。UG NX 12.0 的全局选择方法主要包括在图形窗口中选择和在部件或装配导航器中选择。

选择功能

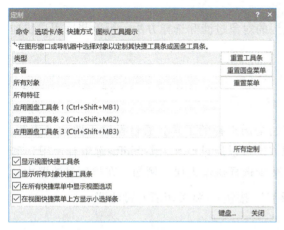
图1-48 "快捷方式"选项卡

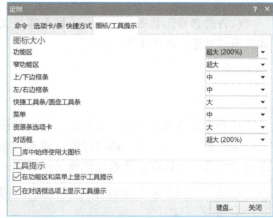
图1-49 "图标/工具提示"选项卡

在图形窗口中，通过在对象上单击MB1进行选择，重复此操作可继续选择其他对象。在选中的对象上使用<Shift>+MB1可取消对象选择。当未执行命令时，按下<Esc>键可取消所有对象选择。当一个对话框被激活时，由当前操作命令来控制能够选择的对象类型。

注意：在选中对象上单击MB3，将弹出选中对象可用的操作菜单，以实现某些快速操作。

1. 预选功能

若将选择球 ✛ 移动到当前操作可选择的对象上，这些对象就会高亮显示，称为"预选"。当光标转变为选择球状态时，单击MB1即可选中需要选择的对象，双击MB1可以执行默认的操作命令。

2. 快速选取功能

将光标在对象上停留一段时间，当光标变为 ✛ 时，单击MB1可以启动"快速选取"对话框（也可以在对象上直接单击MB3，然后选择"从列表中选择"）。"快速选取"对话框提供当前所有可选对象列表，按钮说明见表1-1。

注意：当快速选取指示光标 ✛ 出现时，双击MB1也可以选中预选对象，单击MB2可以取消快速选取指示光标。

表1-1 "快速选取"对话框选项说明

对话框	按钮	说明
		所有对象
		构造对象（草图、曲线和基准）
		特征
		体对象（边、面、体）
		组件（在装配中可用）
		注释

3. 选择工具条

软件的选择工具条提供了一系列丰富且灵活的对象过滤和选择方法，可以帮助用户快速选择所需对象，如图 1-50 所示。

图 1-50　选择工具条

选择工具条总是处于活动状态，是一种控制全局选择的工具。通过设置不同的过滤器，如类型过滤、颜色过滤、图层过滤（这些过滤方式可以通过<Ctrl>或<Shift>键组合使用）和点的选择等，可以更加快速地选择目标对象，减少选择操作失误。例如，在类型过滤器中选中"曲线"可以限制只能选择曲线。使用"重置"按钮 将关闭所有过滤器。

4. 类选择器

类选择器（"类选择"对话框）也是常用的选择工具，在进行删除、变换、编辑对象显示/隐藏和查询对象信息等操作中会使用。利用类选择器，可以通过各种过滤方式和选择方式来快速选择对象，如图 1-51 所示。

图 1-51　类选择器

5. 选择意图

当用户创建或编辑由选择意图所支持的特征时，将激活"选择意图"工具来确定选择规则。"选择意图"是一个曲线、边和面的集合选择工具，它集成在选择工具条中，系统根据对象的类型自动判断显示面或者边/线的意图，如图 1-52 所示。

选择意图

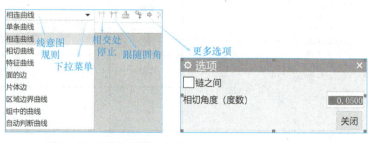

图 1-52　"选择意图"工具

（1）面意图规则

当操作需要一个面集合时，面的意图规则可用于进行面的收集，见表1-2。

表1-2 面的意图规则

选项	说 明
单个面	每次选择一个面，可连续选择多个面
相切面	选择单一面作为光顺连接面集合的种子面，系统选中所有与其相切的表面
相邻面	收集与选择的一个面直接相邻的所有面（不包括选择面）
面与相邻面	收集与选择的一个面直接相邻的所有面（包括选择面）
特征面	收集由特征（此特征关联于用户正在选择的面）产生的所有面
区域面	指定一个面区域。其操作步骤为：选择种子面→选择边界面→单击MB2，系统将收集种子面和边界面之间的面（包括种子面），如图1-53所示

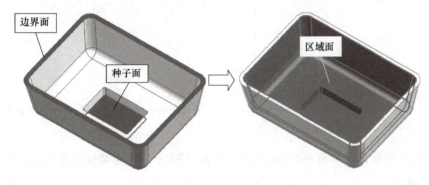

图1-53 "区域面"选择示意图

（2）线意图规则

当操作需要定义曲线或边缘时，可借助曲线/边的意图规则，见表1-3。

表1-3 曲线/边的意图规则

选项	说 明
单条曲线	每次选择一个曲线/边，可连续选择多条曲线/边
相连曲线	只需选择其中一条曲线即可以选择共享端点的曲线/边链
相切曲线	只需选择其中一条曲线/边即可选择一串连续相切的曲线/边链
特征曲线	从特征中收集所有的曲线，如草图或其他特征曲线
面的边	选择一个表面的边，从而收集面的所有边
片体边	选择一个片体，以此来收集片体的所有边
区域边界曲线	选择一区域，从而收集区域的所有边
组中的曲线	选择一个组，从而收集组中的所有边
自动判断曲线	根据用户选择的对象，系统自动判断选择意图

（3）剖面构建器选项

"在相交处停止"和"跟随圆角"选项都是线意图规则的延伸，它们可增强剖面的构建功能，称为剖面构建器选项，见表1-4。

表 1-4　剖面构建器选项

选项	说　明
⊤⊤ 在相交处停止	在应用线意图规则时，系统自动寻找相交边界，并在交叉处停止意图。在图 1-54 所示的实例中，应用了"相切曲线"意图规则，并激活了"在相交处停止"选项，依次选择四段剖面
⊤⊤ 跟随圆角	当使用"相连曲线"和"相切曲线"意图规则时，激活此选项以便使剖面自动跟随圆角或圆弧进行链接。在图 1-55 所示的拉伸实例中，应用了"相切曲线"和"跟随圆角"的意图规则
链之间	用于选择开放的曲线链，即通过选择起始边和终止边的方法选择曲线链

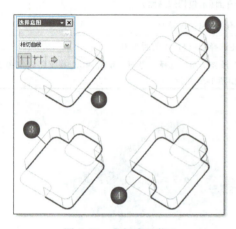

图 1-54　在相交处停止

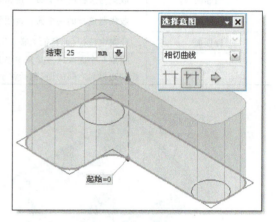

图 1-55　跟随圆角

注意：在已选择的面和曲线/边集合上，单击 MB3 可以快速切换选择意图规则。

6. 捕捉点

UG NX 12.0 使用【捕捉点】工具条来捕捉和构造点。【捕捉点】工具条集成在【选择】工具条中，一般处于非活动状态，只有需要选择点时才会激活，如图 1-56 所示。

捕捉点

图 1-56　【捕捉点】工具条

关于【捕捉点】工具条有以下几点说明。

1）被激活的按钮表示允许捕捉该类型的点，并且在图形窗口中显示预览点类型图标。

2）在任何情况下，光标位置点可用，且它永远位于 XC-YC 平面（称为工作平面）内。

3）不同类型对象的控制点不同，一般包括存在点、中点和端点等。

4）单击 按钮可以临时禁用捕捉点功能（光标位置点除外）。

7. 点构造器

如图 1-57 所示，点构造器一般集成在"点"对话框中，提供了更多的点构造功能，除了可以利用按钮捕捉点之外，还允许输入坐标点和构造偏置点等。对于点构造器做以下几点特殊说明。

1）捕捉点的坐标值会被测量并显示在对话框的"基点（Base Point）"坐标中。

2） 自动判断的点：系统根据用户选择的对象和位置来决定点构造方式，主要包括光标位置点、存在点、端点、中点和中心点等。

3）交点：与捕捉点工具的交点捕捉方式不同，此处的交点是指两次选择的交点（两个对象只需理论相交即可）。

4）圆弧/椭圆上的角度：是指在与 XC 轴正向成一角度（在工作平面沿逆时针方向）的圆弧/椭圆上的一个点。

5）偏置：首先选择一种偏置方式，然后指定基点，最后输入偏置值。

图 1-57　点构造器

1.5.3　矢量构造器

UG NX 12.0 的许多命令中都需要定义矢量，如圆柱体的轴向、拉伸方向、拔模方向和旋转轴方向等。软件提供了功能强大的矢量构造器，其对话框如图 1-58 所示。

矢量参考

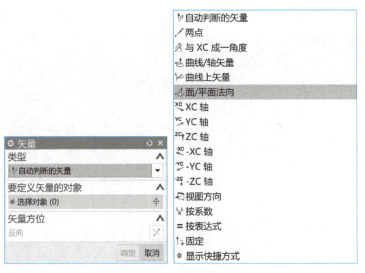

图 1-58　矢量构造器

关于矢量构造方式的具体说明见表 1-5。

表 1-5　常用矢量构造方式

按钮	矢量构造方式	矢量描述和构造方法
	自动判断的矢量	根据选中的几何体自动判断矢量；例如：选择直线为沿直线方向的矢量；选择平面为沿平面法向的矢量；选择一个圆柱面则定义轴向矢量等
	两个点	在任意定义的两点之间定义矢量，矢量从起点指向终点
	与 XC 成一角度	在 XC-YC 面上构造与 XC 轴成一角度的矢量
	曲线/轴矢量	沿直线（边）靠近选择位置端点的方向；圆弧所在平面的法向并通过圆心
	曲线上矢量	定义一个相切于曲线上任一点的矢量
	面/平面法向	定义一个平面的法向矢量或圆柱面的轴向矢量
	WCS 的轴向	定义一个与 WCS 各轴平行的矢量

1.5.4　参考特征

参考特征是构造工具，用于辅助在要求的位置与方位建立特征和草图等。UG NX 12.0 设计过程中，参考特征常常作为建模的参考基准、成型特征和草图的放置面、草图或成型特征的定位参考、镜像操作的对称平面、修剪平面、基本扫描特征的拉伸方向或旋转轴等。有三种类型的参考特征：基准平面、基准轴和基准坐标系，其中，基准平面是最常用的工具。

参考特征

1. 基准平面

基准平面以边框（或半透明）方式显示，包括相关基准平面和固定基准平面两类。UG NX 12.0 允许控制基准平面的显示大小，如图 1-59 所示。基准平面创建方法与相关说明见表 1-6。

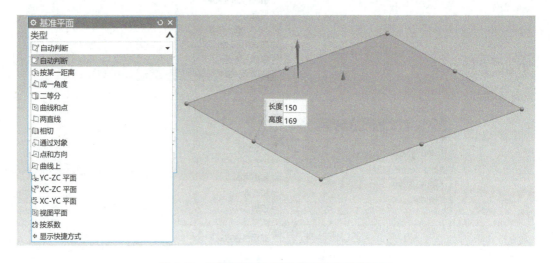

图 1-59　"基准平面"对话框和动态基准平面

表 1-6 基准平面创建方法

图标	平面类型	平面描述和构造方法
	自动判断	系统根据选择的对象,决定最可能使用的平面类型
	按某一距离	通过选择平面对象和指定距离来创建偏置基准平面
	成一角度	通过指定的旋转轴和角度旋转选定的平面形成的基准平面
	二等分	选择两个平行平面,创建与它们等距离的中心基准平面
	曲线和点	通过一个指定的点,选择另外一个条件来确定基准平面的法向
	两直线	通过选择两条直线定义一个基准平面
	相切	与选中的曲面相切并受限于另外一个选中对象的基准平面
	通过对象	根据选中的对象自动创建基准平面
	点和方向	通过指定的参考点并垂直于已定义矢量的基准平面
	曲线上	根据曲线上一点和通过该点的矢量方向构建一个基准平面
	固定基准平面	创建工作坐标系的主平面或利用系数确定基准平面

2. 其他参考特征

(1) 基准轴

基准轴是以一条带有箭头的直线表示一个矢量。基准轴最主要的应用是作为方向参考和旋转轴。

(2) 基准坐标系

一个基准坐标系(CSYS)包含三个基准平面、三个基准轴和一个原点,如图 1-60 所示。一般建议在建模开始时创建绝对坐标系(ACS)的基准坐标系,作为建模基准位置参考。

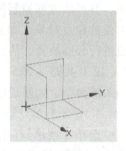

图 1-60 基准坐标系

1.5.5 信息查询与几何测量

在 UG NX 12.0 使用过程中,用户经常要对部件对象进行信息查询或几何测量等操作,以获得需要的信息。这些工具集成在"分析"选项卡中。

1. 查询对象信息

1) 对象信息:使用【菜单】/【信息】/【对象】命令,可以查询选中对象的图层、类型、颜色、几何参数、控制点坐标以及依赖关系等信息。

2) 点信息:使用【菜单】/【信息】/【点】命令,可以查询选中点的坐标信息。

2. 几何测量

1) 测量距离:选择【菜单】/【分析】/【测量距离】命令,弹出"测量距离"对话框,通过此功能可以进行距离、投影距离、屏幕距离、长度和半径的测量,如图 1-61a 所示。

2）测量质量：使用【菜单】/【分析】/【测量体】命令启动，用于分析实体的表面积、体积和质量等特性，如图1-61b所示。

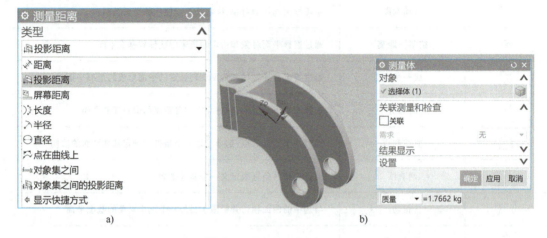

图1-61　信息查询与几何测量

注意：如果需要修改实体的密度，可以通过【菜单】/【编辑】/【特征】/【实体密度】命令来实现；如果需要更改测量单位，则修改"测量距离"对话框中的"单位"。

1.5.6　使用图层管理数据

在应用UG NX 12.0的过程中，可以将不同类型的对象置于不同的图层中，并可以方便控制图层的状态。在进行复杂的产品设计时，通常需要使用大量的构造对象（如基准特征、草图、曲线和片体等），这时需要将不同的对象进行分层放置，使得原本复杂的设计变得具有条理性，提高设计效率。UG NX 12.0共提供256个图层供用户使用。【菜单】/【格式】子菜单提供了图层相关的命令，如图层设置、图层类别、移动至图层、复制至图层等。

使用图层管理数据

1．控制层的状态

选择【菜单】/【格式】/【图层设置】命令，弹出图1-62所示的对话框，可以改变工作层、查看类别和图层的状态、修改图层的状态等。

图1-62　"图层设置"对话框

注意：可以在任何时候执行图层设置操作，它不影响其他操作的执行。

2. 在图层之间移动/复制对象

当在产品设计的过程中，因为忘记切换工作图层而使新建对象置于错误的图层中时，可以使用"移动至图层"命令，将对象移动到指定的图层。"复制至图层"将会得到非参数化的副本对象，一般建议只对非参数化对象执行此操作。

3. 图层分类

利用"图层类别"命令可以对一个或一组图层进行命名分类、编辑或者删除，这样有助于更好地识别、管理图层，提高工作效率。选择【菜单】/【格式】/【图层类别】命令，可以启动图 1-63 所示的对话框。

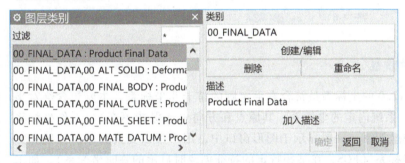

图 1-63 "图层类别"对话框

在使用图层进行工作时，建议使用一个标准的图层分类，这样有助于建立一个标准化的设计环境，从而实现数据共享。表 1-7 提供了一个应用于 UG NX 12.0 的图层分类标准，以便参考。

表 1-7 图层分类标准

类别名称	图层范围	对象类型
Solid Geometry	1~20	实体
Sketch Geometry	21~40	草图
Curve Geometry	41~60	曲线
Reference Geometry	61~80	基准平面、基准轴
Sheet Bodies	81~100	片体

1.5.7 对象的显示与隐藏

显示与隐藏操作和图层操作都是为了调整可见性，不同的是，图层命令是以图层为单位来执行的，显示与隐藏命令是以几何体数据为单位来执行的。几何体数据对象可以是一个点，也可以是多个实体等。显示与隐藏命令包含显示和隐藏、隐藏、显示、反转显示和隐藏等，位于【菜单】/【编辑】/【显示与隐藏】下，如图 1-64 所示。图 1-65 所示为"显示和隐藏"对话框，可以根据对象的类型控制显示（+）与隐藏（-）。

显示和隐藏

图 1-64　显示与隐藏命令　　　　　图 1-65　"显示和隐藏"对话框

1.5.8　坐标系

UG NX 12.0 的坐标系是符合右手定则的笛卡儿坐标系，主要包含绝对坐标系（ACS，系统内定的坐标系，其原点和方向永远保持不变）、工作坐标系（WCS，用户坐标系，一般显示于图形窗口中，用户可以变换其原点位置和方位）、特征坐标系（FCS，在某些特定的特征创建时显示的临时坐标系）、加工坐标系（MCS，在加工环境使用的机械坐标系）。

坐标系

在 UG NX 12.0 的 CAD 环境中，最常使用的坐标系是 WCS。大部分建模操作并不要求使用 WCS，这是由于特征被加入时，只与模型的几何相关，而与模型空间的位置和方向不相关。但是有些功能要依赖于 WCS，如非特征曲线、矩形阵列和基本体素等。

WCS 的主要用途有：通过 WCS 指定点的坐标位置；通常，角度是以工作平面的 XC 轴为参考而测量的；当要求指定方向时，+ZC 轴为默认的矢量方向；光标位置点总是在工作平面（XC-YC）上生成一点；WCS 可以确定二维曲线绘制的工作平面。

1. 操纵 WCS

可以通过【菜单】/【格式】/【WCS】操纵 WCS。操纵 WCS 一般有四种方式：WCS 原点、动态 WCS、旋转 WCS 和 WCS 方位，最为方便的功能为"动态 WCS"。

2. 动态坐标系

在图形窗口中双击 WCS，或者选择【菜单】/【格式】/【WCS】/【动态】命令，系统激活 WCS，如图 1-66 所示。

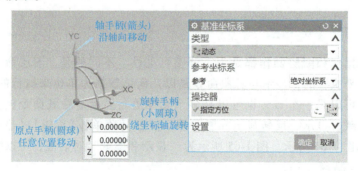

图 1-66　动态显示的 WCS

1）原点手柄（圆球）：当选中原点手柄时，可以通过捕捉点工具的辅助，重新定位 WCS 到图形窗口的任何一点，也可以通过按住 MB1 拖动原点手柄来动态移动原点。

2）轴手柄（箭头）：当选择轴手柄时，在图形窗口显示"距离和捕捉"动态文本框。也可以在轴手柄上按住 MB1 拖动 WCS 沿轴移动。

注意：MB1 双击坐标轴手柄箭头，可使坐标轴反向。"矢量构造器"按钮 ：通过构造一个矢量来对齐 WCS 的选定轴。

3）旋转手柄（小圆球）：当选中旋转手柄时，图形窗口显示"旋转角度和捕捉增量"动态文本框。也可以在旋转手柄上按住 MB1 以拖动 WCS 绕轴旋转。

1.5.9 数据交换

UG NX 12.0 提供了数据交换功能，用于与其他 CAD/CAM 软件进行数据交换。可以通过以下方式实现。

数据交换

1）利用"打开"对话框直接打开所支持交换类型的数据文件。

2）利用"另存为"功能选择文件的"保存类型"来导出其为其他类型。

3）选择【菜单】/【文件】中的导入、导出命令。利用这种方式，用户将有更多的设置选项来控制文件的导入和导出方式。

项 目 小 结

通过本项目的学习，了解了 CAD/CAM 软件的基本概念，UG NX 12.0 系统的基本功能和工作流程。以小轮组为操作范例体验了 UG NX 12.0 CAD 应用的一般过程，对 UG NX 12.0 系统进行了全局性的了解。请反复进行本项目范例的操作，为完成后续项目打下基础。

思 考 与 练 习

问答题

1. UG NX 12.0 有哪些技术特性？简述 UG NX 12.0 的工作流程。
2. UG NX 12.0 的标准用户界面中有哪些内容？分别有什么作用？
3. 在 UG NX 12.0 中，启动一个命令可以使用哪些方法？
4. 如果打开了多个零件，如何进行工作部件的切换？
5. 如何控制部件视图的显示（旋转、缩放、平移、渲染、更改外观等）？你认为哪种操作方法最为简便，请熟练掌握它。
6. 系统提供了多少点和矢量的构造方法？
7. UG NX 12.0 的坐标系变换有哪些方法？
8. 图层的作用是什么？图层有哪些状态可以设置？

操作题

1. 将小轮组的任一零件通过 UG NX 12.0 输出为 IGS 和 STEP 文件，然后再导入 UG NX 12.0 中，注意观察其与 PRT 文件有何不同之处。
2. 对小轮组的四个零件应用 A4 模板生成工程图并导出为 PDF 文件。

项目 2　实体建模入门——礼品盒设计

【项目介绍】

本项目以图 2-1 所示的礼品盒为载体,通过完成礼品盒的零件建模和装配等任务,对 UG NX 12.0 的特征建模系统进行全面概述,包括建模的基础知识、常用建模指令以及模型的编辑方法等。

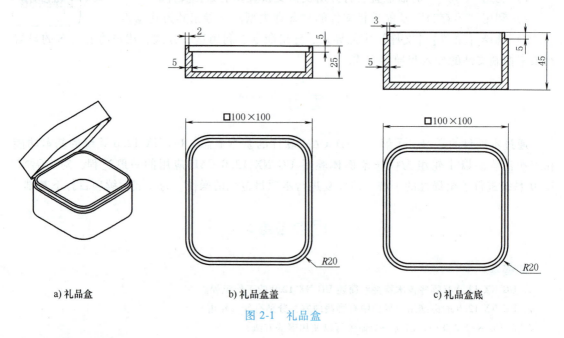

a) 礼品盒　　　　　　　b) 礼品盒盖　　　　　　　c) 礼品盒底

图 2-1　礼品盒

【项目目标】

全面了解 UG NX 12.0 的特征建模系统;熟悉常用建模指令的基本用法;掌握使用部件导航器进行模型编辑的方法;学习实体建模的思路。

【项目相关知识点】

☐ UG NX 12.0 软件建模系统概述。
☐ 常用特征建模的命令介绍。
☐ 部件的管理与编辑工具——部件导航器。
☐ 实体建模的思路与一般过程。

任务 2.1 认识 UG NX 软件建模系统

UG NX 提供了一个基于特征的建模系统。设计者可通过定义设计中不同部件间的数学关系来将设计需求和设计约束结合在一起。基于特征的实体建模和编辑功能使得设计者可以直接编辑实体特征的尺寸,或通过使用其他几何编辑和构造技巧来改变和更新实体模型。

在进行设计之前应该首先了解 UG NX 建模系统的术语。

1) 特征(Feature):特征是指具有相似属性和定义方法的一类对象,它们以参数化进行存储,且具有关联性。模型是由特征构成的,特征在模型中保留着生成和修改的顺序,因此可获取特征的历史记录,重新调用创建过程所用的输入和操作。

2) 其他建模通用术语:在建模的过程中,经常需要使用一些其他术语,见表 2-1。

表 2-1 其他建模通用术语

图 例	术 语		说 明
	Body	体	包含实体和片体的一类对象
	Solid	实体	围成立体的面和边的集合
	Sheet	片体	没有围成立体的一个或多个面的集合
	Face	面	由边围成的体的外表区域
	Edge	边	围成体的外表区域的边界曲线
	Section Curve	剖面曲线	将要扫描生成体的曲线
	Guide Curve	引导曲线	定义扫描特征的路径

UG NX 的特征建模功能主要包括成型特征、自由曲面特征和特征操作,进一步细分方法可以参阅 UG NX 建模环境的【插入】菜单。本项目主要介绍 UG NX 12.0 的特征类型,如图 2-2 所示,目的在于使用户熟悉 UG NX 的建模环境和各种建模功能。

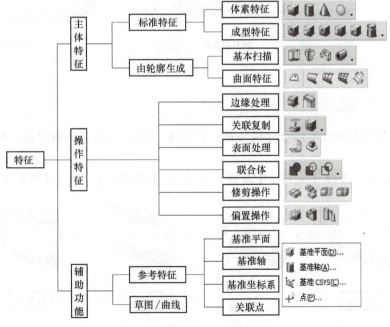

图 2-2 UG NX 12.0 特征建模

任务 2.2　礼品盒建模

任务分析

通过礼品盒的建模，熟悉常用建模指令的基本用法；掌握使用部件导航器进行模型编辑的方法；学习实体建模的思路。主要完成以下任务。

- □ 新建模型文件。
- □ 完成特征建模。
- □ 完善细节特征。

设计任务如图 2-3 所示，礼品盒包括礼品盒盖和礼品盒底两个零件。

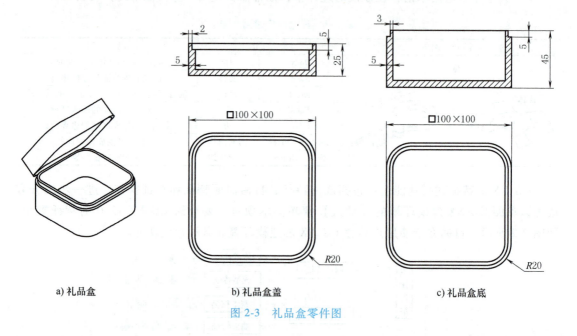

a) 礼品盒　　　　　　b) 礼品盒盖　　　　　　c) 礼品盒底

图 2-3　礼品盒零件图

2.2.1　礼品盒盖建模

礼品盒盖模型包含以下四个建模特征：长方体→求差→抽壳→倒圆角，其建模思路如图 2-4 所示。

1) 创建文件：选择【文件】/【新建】命令或【菜单】/【文件】/【新建】命令，弹出

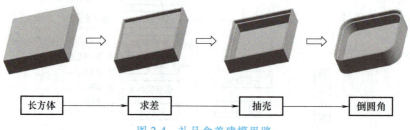

图 2-4　礼品盒盖建模思路

"新建"对话框,"单位"选择"毫米","名称"设为"礼品盒盖.prt","文件夹"设为"D:\礼品盒\",单击"确定"按钮。

礼品盒盖

2)创建长方体:选择【菜单】/【插入】/【设计特征】/【长方体】命令,弹出"长方体"对话框,在"尺寸"栏输入"长度"为100,"宽度"为100,"高度"为25,其余使用系统默认设置,单击"确定"按钮,完成长方体的创建。

3)创建求差特征:选择【菜单】/【插入】/【设计特征】/【长方体】命令,弹出"长方体"对话框,在"尺寸"栏输入"长度"为96,"宽度"为96,"高度"为5,单击"指定点",打开"点"对话框,在"输出坐标"中选择"参考"为"绝对坐标系-工作部件",设置X为2,Y为2,Z为20,其余使用系统默认设置。单击"确定"按钮,回到"长方体"对话框,"布尔"选择"减去",其余使用系统默认设置,单击"确定"按钮,系统完成求差特征的创建,如图2-5所示。

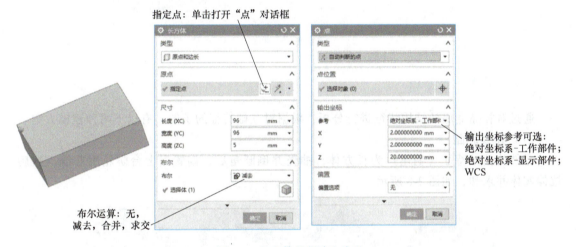

图2-5 长方体的创建和求差

4)创建抽壳特征:选择【菜单】/【插入】/【偏置/缩放】/【抽壳】命令,弹出"抽壳"对话框,选择图2-6所示的开口面,输入"厚度"为5,单击"确定"按钮,完成抽壳。

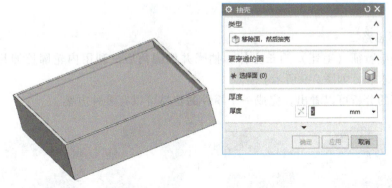

图2-6 抽壳

5)创建倒圆角:选择【菜单】/【插入】/【细节特征】/【边倒圆】命令,弹出"边倒圆"对话框,选择图2-7所示的边,分别输入半径15、18、20,单击"确定"按钮,完成倒圆角。

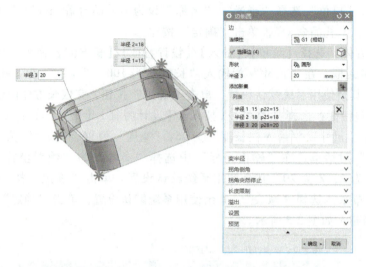

图 2-7　倒圆角

2.2.2　礼品盒底建模

通过对礼品盒底的结构特征进行分析，根据对基础特征的了解，有以下两种建模方案。

（1）建模思路一

零件的基础特征（毛坯）为长方体，抽壳并倒圆角后，偏置出上台阶轮廓曲线，然后拉伸实体并求和，如图 2-8 所示。

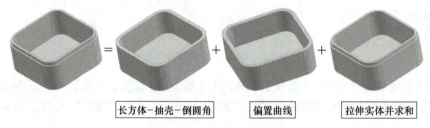

图 2-8　礼品盒底建模思路一

（2）建模思路二

零件的基础特征（毛坯）为长方体，抽壳并倒圆角后，利用内轮廓拉伸片体，然后进行片体加厚并求和，如图 2-9 所示。

通过上面的分析可以看出，完成一个零件的建模可以有多种方案。

图 2-9　礼品盒底建模思路二

项目2 实体建模入门——礼品盒设计

两种建模思路中第一部分"长方体-抽壳-倒圆角"的操作过程在"任务 2.2.1 礼品盒盖建模"中已经讲述,这里重点讲述后面两部分的操作方法。

1. 建模思路一

1)偏置曲线:选择【菜单】/【插入】/【派生曲线】/【偏置】命令,弹出"偏置曲线"对话框,选择图 2-10 所示的相切曲线,输入偏置距离 3,其他采用系统默认设置。单击"确定"按钮,完成偏置曲线的创建。

礼品盒底

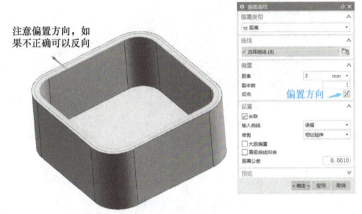

图 2-10 偏置曲线

2)拉伸实体并求和:单击【特征】功能区的【拉伸】按钮或选择【菜单】/【插入】/【设计特征】/【拉伸】命令,弹出"拉伸"对话框。选择图 2-11 所示的"区域边界曲线",设置拉伸矢量方向为"+ZC",拉伸限制开始距离为 0,结束距离为 5,"布尔"选择"合并",其余使用系统默认设置。单击"确定"按钮,完成实体拉伸及求和。

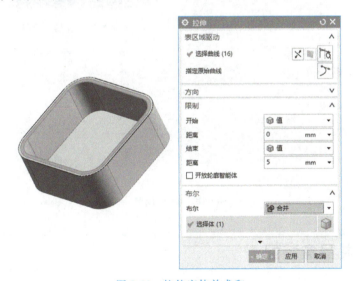

图 2-11 拉伸实体并求和

2. 建模思路二

1)拉伸片体:单击【特征】功能区的【拉伸】按钮或选择【菜单】/【插入】/【设计特征】/【拉伸】命令,弹出"拉伸"对话框。选择图 2-12 所示的"相切曲线",设置拉伸矢量方向为"+ZC",

拉伸限制开始距离为0，结束距离为5，"布尔"选择"无"，设置"体类型"为"片体"，其余使用系统默认设置。单击"确定"按钮，完成片体拉伸。

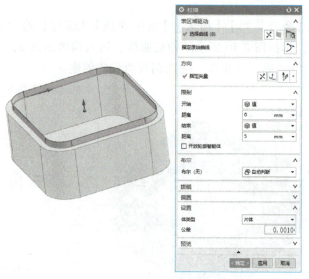

图 2-12　拉伸片体

2）片体加厚并求和：选择【菜单】/【插入】/【偏置/缩放】/【加厚】命令，弹出"加厚"对话框。选择图 2-13 所示拉伸片体，在"偏置 1"栏输入 2.5，"偏置 2"栏输入 3（注意偏置方向），"布尔"选择"合并"，其余使用系统默认设置，单击"确定"按钮，完成片体加厚及求和。

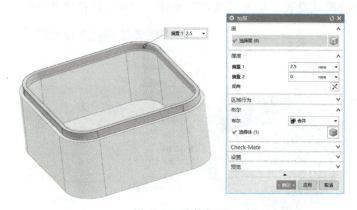

图 2-13　片体加厚

任务 2.3　礼品盒装配

任务分析

通过礼品盒的装配，熟悉常用装配指令的基本用法；掌握装配约束的添加与调整方法；学习装配的思路，主要完成以下任务。

- 新建一个装配模板。
- 添加装配组件。
- 添加与调整装配约束。

礼品盒包括礼品盒盖和礼品盒底两个零件，如图 2-14 所示，其装配建模思路是先通过约束添加礼品盒组件，然后去除约束，调整礼品盒盖与礼品盒底间的角度。

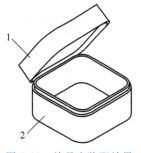

图 2-14 礼品盒装配效果
1—礼品盒盖 2—礼品盒底

1. 基于装配模板新建一个装配部件

单击"新建"按钮，或者选择【菜单】/【文件】/【新建】命令，在弹出的"新建"对话框中选择"装配"模板，输入文件名"礼品盒.prt"，保存的文件夹建议与零件文件相同，单击"确定"按钮，完成装配部件的建立。

礼品盒装配

2. 装配礼品盒组件

（1）通过固定约束添加礼品盒底组件

装配文件创建之后弹出装配"添加组件"对话框，如图 2-15 所示，在对话框中单击"要放置的部件"栏的"打开"按钮 ，浏览需要装配的礼品盒组件。选择"礼品盒底.prt"，双击 MB1 回到"添加组件"对话框。设置"装配位置"为"绝对坐标系-工作部件"，单击"应用"按钮，弹出"创建固定约束"对话框，选择"是"，软件自动创建添加在礼品盒底上的固定约束（装配时第一个组件一般都添加固定约束），完成第一个组件的装配。

图 2-15 添加礼品盒底组件

（2）通过相对约束添加礼品盒盖组件

添加礼品盒底组件后，回到"添加组件"对话框，在对话框"要放置的部件"中打开组件礼品盒盖，设置"装配位置"为"对齐"，并在图形窗口任意位置单击 MB1，然后在对话框的"放置"栏选择"约束"项，"约束类型"选择"接触对齐" ，在"要约束的几何体"栏"方位"选择"接触" ，在图形窗口中依次选择图 2-16 所示的两个面，完成礼品盒盖组件的添加。

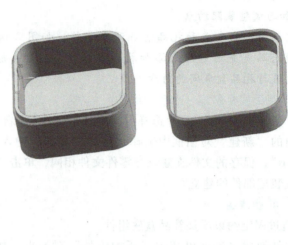

图 2-16 添加礼品盒盖组件

（3）添加组件间的装配约束

单击"装配"功能区的"装配约束"按钮，打开"装配约束"对话框，如图 2-17 所示。"约束类型"选择"中心"，在"要约束的几何体"栏"子类型"选择"2 对 2"，在图形窗口中依次选择礼品盒盖和礼品盒底组件对应的面，如图 2-18 所示，完成中心约束的添加。

图 2-17 "装配约束"对话框

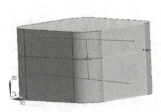

图 2-18 "2 对 2"面的选择

3. 移动组件，调整组件相对位置关系

图 2-18 所示为礼品盒闭合状态的装配关系，要实现图 2-14 所示的装配效果，则需要删除"接触"约束并调整装配组件间的位置关系，其具体操作步骤如下。

（1）删除装配约束关系

选择导航器中的"约束导航器"，选择"接触"约束，如图 2-19 所示。单击 MB3，选择"删除"，即完成了"接触"约束的删除。此处也可直接单击"删除"按钮 ✕ 。

用同样的方法删除图 2-20 所示的"2 对 2"的"中心"约束。

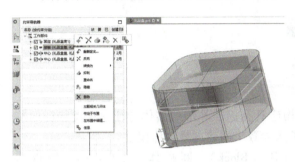

图 2-19　删除"接触"约束　　　　　　图 2-20　删除"2 对 2"的"中心"约束

（2）调整装配组件间的位置关系

选择"装配"功能区的"移动组件"，弹出"移动组件"对话框，如图 2-21 所示。在"要移动的组件"栏选择"礼品盒盖"；在"变换"栏，"运动"选择"角度"，指定矢量为"-YC"，指定点为图 2-21 所示选线条中点，"角度"设为"60"，其余采用系统默认设置，单击"确定"按钮，由此创建的礼品盒装配效果如图 2-22 所示。

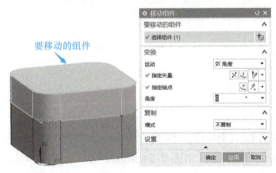 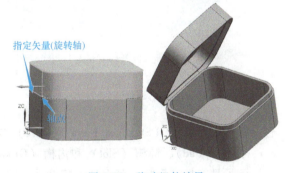

图 2-21　"移动组件"对话框　　　　　　图 2-22　移动组件效果

小课堂：遵纪守法、严于律己

从"任务 2.3 礼品盒装配"的学习得知，组件的装配过程是：通过固定约束添加组件→通过相对约束添加组件→通过约束编辑调整组件间的相对位置。由此可见，约束对于组件的装配至关重要，直接决定了组件装配能否成功。而日常生活和工作中，人们也会受到一些约束，比如道德、法律、规章制度等，要做到遵纪守法、严于律己。

任务 2.4 相关知识——特征建模

任务分析

本任务的学习目的是熟悉常用建模指令的基本用法；掌握使用部件导航器进行模型编辑的方法；学习实体建模的思路。具体包括以下内容。

- 常用特征建模的命令介绍。
- 部件的管理与编辑工具——部件导航器。
- 实体建模的思路与一般过程。

2.4.1 体素特征

UG NX 使用体素特征和标准成型特征来构建具有标准外形的实体特征，这类特征的特点是不需要构造草图或曲线，而是直接通过输入参数来构建三维实体模型。

体素特征（Primitive Feature）包括长方体（Block）、圆柱体（Cylinder）、圆锥体（Cone）和球体（Sphere），如图 2-23 所示。体素特征是以工作坐标系和模型空间点进行定位的，不能与其他几何体建立关联，因此，一般建议体素特征只用于构建简单零件的第一个特征。

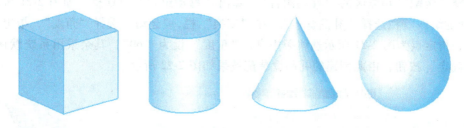

图 2-23 体素特征

2.4.2 标准成型特征

标准成型特征（Standard Form Feature）包括孔（Hole）、圆台（Boss）、腔体（Pocket）、凸垫（Pad）、键槽（Slot）和沟槽（Groove）等功能，如图 2-24 所示。

除了具有标准形状、可定位的特性外，这一类特征一般还具有以下特性。

1）成型特征模拟机械加工过程，用于在已有实体上添加或移除材料，不能创建新实体。

2）绝大多数成型特征需要指定放置平面，此平面同时用于测量高度（深度）尺寸，并作为定位的投影平面。如果没有平表面可以选择，可以创建相关基准平面作为辅助放置面。特征是垂直于放置面建立的，并且与放置面关联。

3）某些具有方向性的成型特征需要定义水平参考，如矩形腔体、矩形凸垫和键槽等。

4）一般需要使用"定位（Position）"功能进行特征相关定位。如果缺少定位基准，可以创建基准特征进行辅助定位。

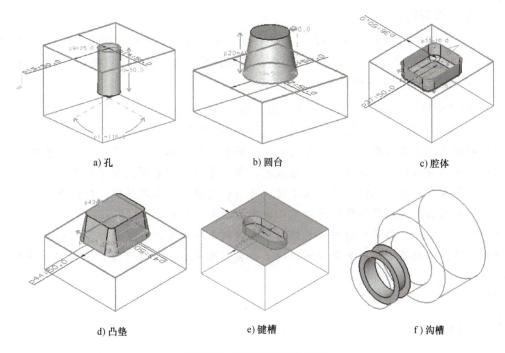

a) 孔 b) 圆台 c) 腔体

d) 凸垫 e) 键槽 f) 沟槽

图 2-24　标准成型特征举例

1. 标准成型特征的通用创建步骤

1）选择特征类型：

2）选择特征子类型：如孔有简单孔、沉头孔和埋头孔；腔体有圆形、矩形和一般腔体；凸垫有矩形和一般凸垫；键槽有矩形、球形、U型、T型和燕尾槽等。

3）选择放置面（Placement Face）：除沟槽需要指定圆柱面或圆锥面、一般腔体和一般凸垫可以指定任意表面之外，其他所有特征类型必须指定平表面或基准平面，孔除了可以选择平面外，还可以直接选择位置点。

4）选择水平参考（Horizontal Reference）（可选步骤，用于有方向性的成型特征）。

5）选择通过面（Thru Face）（可选步骤，仅用于通槽，通孔可以设置"贯通体"）。

6）输入特征参数值。

7）定位特征（可选步骤）。

2. 定位方法

特征的定位方法主要包括以下几种类型。

1）"水平（Horizontal）"和"竖直（Vertical）"：只能标注水平/竖直方向的定位尺寸，如果之前没有指定水平参考，在使用这两种定位方法之前必须首先指定水平参考。

2）"平行（Parallel）"和"点到点（Point onto Point）"："平行"用于标注两个点之间的距离；如果两点之间距离为0，还可以使用"点到点"方式。此两种方法常用于定位孔和圆台的中心。

3）"垂直（Perpendicular）"和"点到线（Point onto Line）"："垂直"用于标注点到直线的最短距离；如果点到直线的距离为0，还可以使用"点到线"方式。此两种方法也常用于定位孔和圆台的中心。

4) ⊥⊥ "平行距离（Parallel at Distance）"和"直线到直线（Line onto Line）"："平行距离"用于标注两条平行直线之间的距离；当两直线重合时，还可以使用"直线到直线"方式。此两种方法常用于定位矩形腔、凸垫和键槽。

5) △ "角度（Angular）"："角度"用于标注两个直线基准之间的夹角。

注意：在对放置面为平面的标准成型特征进行定位时，需要注意以下几点。

1) 特征定位必须首先选择目标体上的定位基准，然后选择工具体上的定位基准。
2) 所选的目标定位基准首先会向放置面投影，然后在放置面上测量距离。
3) 当现有目标体无法找到定位基准时，通常会创建相关基准平面进行辅助定位。
4) 对于圆台，系统已经默认选中中心点作为工具定位基准。
5) 对于矩形腔、凸垫和键槽，已经默认创建两条中心线，可以选作定位基准。
6) 当选择基准平面作为放置面时，特征会在基准平面中心处产生，有时可以省略一些定位操作。
7) 孔的位置由草图辅助确定。

2.4.3 特征操作

用于处理模型中已有特征的操作一般称为"特征操作"，如体的联合与修剪操作、倒斜角和边倒圆操作、表面的偏置和拔模操作、特征的关联复制操作等。

1. 布尔操作（Boolean Operation）

布尔操作一般用于实体的联合操作，实体之间必须存在公共部分（至少一个重合面），如图2-25所示。

1) ⬤ 求和（Unite）：将两个或多个实体合并成为单个实体，选项名为"合并"。
2) ⬤ 求差（Subtract）：使用一个或多个工具体从目标体中移除体积。
3) ⬤ 求交（Intersect）：生成两个体的公共部分实体。
4) 非破坏性布尔操作：一般执行布尔操作之后，原来的实体将被删除而生成新的实体。如果需要保留它们，则在布尔操作对话框中选中"保留工具体"或"保留目标体"。

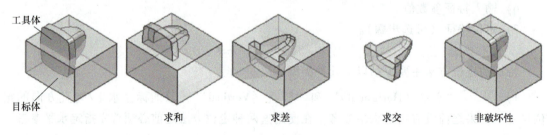

图2-25 布尔操作举例

注意：布尔操作功能也会出现在某些设计特征的选项中（如拉伸、旋转等），这时会多出一个"新建（New）" ⬤ 选项。用户可以选择是否进行布尔操作。但需要注意的是，集成在某个命令中的布尔操作选项在很多情况下不能被编辑（拉伸除外），所以为了方便以后编辑，可以单独进行布尔操作。

2. 倒斜角（Chamfer）

在两个面之间沿其共同的边构造斜角特征。倒斜角包括三种方式，如图2-26所示。

1) 对称偏置（Symmetric Offset）：两个偏置量相等。

2) 非对称偏置（Asymmetric Offset）：指定两个不同的偏置量。

3) 偏置和角度（Offset and Angle）：指定偏置量和角度。

倒斜角操作在图形窗口中会显示动态手柄和动态文本框，在动态手柄上单击MB3可以打开快捷菜单，用于在不同的倒角类型之间切换，对于"非对称偏置"与"偏置和角度"两种方式还包括"反向"操作选项。

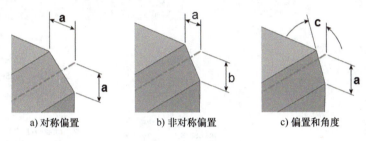

a) 对称偏置　　　　b) 非对称偏置　　　　c) 偏置和角度

图2-26　倒斜角的类型

3. 边倒圆（Edge Blend）

边倒圆是在实际建模中得到广泛应用的一个细节特征，下面将详细介绍边倒圆的用法。

（1）创建恒定半径的边倒圆

1) 在建模环境，按照系统默认尺寸创建一个长方体特征。

2) 单击"边倒圆"按钮→输入半径为10→选择图2-27a所示的边缘→单击Apply按钮。

注意：图形窗口中的动态手柄用于调整半径的大小。

（2）创建变化半径的边倒圆

1) 选择多个边缘集：选择图2-27b所示的边缘集①→单击MB2（完成此边缘集）→选择边缘集②→输入半径为12并按<Enter>键→单击MB2→选择边缘集③→输入半径为15。不要应用圆角，继续下面的操作。

注意：非活动边缘集上显示一个球形动态手柄，用于激活此边缘集进行编辑。

2) 单击对话框中的"变化半径"按钮→选择边缘集①的端点→在动态文本框内输入半径为15，如图2-27c所示→继续选择下一点为"线上点"→输入"%圆弧长"为25，继续定义其他三个半径控制点，如图2-27d、e所示。不要应用圆角，继续下面的操作。

注意：一旦为某个边缘集添加了变化半径点，则原来作用的恒定半径值将不再起作用。定义错误的控制半径点可以在动态手柄上单击MB3，选择"删除"命令。立方形手柄用于调整点的位置。

（3）创建带有"回退（Setback）"的边倒圆

单击对话框中的按钮→选择底部应用边倒圆的三边交点→输入所需的SB数值→单击OK完成所有边倒圆操作，如图2-27f所示。

（4）编辑圆角并创建停止位置的边倒圆

双击第一步创建的边倒圆→单击对话框中的"停止位"按钮→选择倒圆边的一个端点→输入或拖动停止的位置，如图 2-27g 所示。

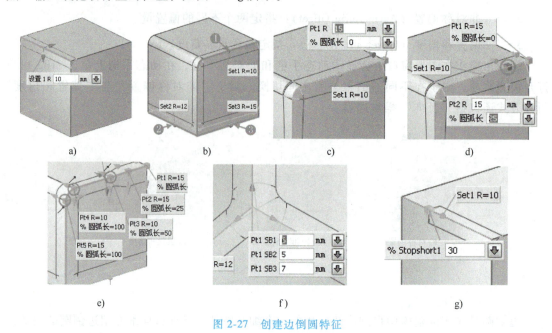

图 2-27　创建边倒圆特征

（5）边倒圆的更多选项

单击 按钮找到边倒圆的更多选项。

1）倒圆所有引用（Blend all Instance）：当选择的边属于矩形阵列或圆周阵列时，打开此选项，则所有引用特征同时应用相同的边倒圆操作。

2）在圆角溢出处的处理："溢出"可以理解为圆角超出选中边缘的相邻表面，与其他边缘相交，根据溢出的不同类型有三种处理方式，见表 2-2。

表 2-2　边倒圆的溢出选项

溢出选项	图例		说　　明
在光顺边上滚动（Roll Over Smooth Edges）			当圆角在光顺边上溢出时 ❶圆角在另一个圆角边上溢出 ❷选项被打开：产生光顺的边 ❸选项被关闭：产生尖锐的边
滚动到边上（Roll Onto Edges）			当圆角在陡峭边上溢出时 ❶选项被打开：保留溢出边缘，放弃相切 ❷选项被关闭：保留相切，更改溢出边缘

溢出选项	图例	说　明
保持圆角并移动尖锐边（Maintain Blend And Move Sharp Edges）	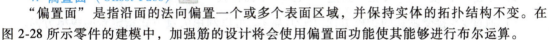	当圆角在缺口处溢出时 ❶溢出的边缘 ❷保留圆角相切 如果选项关闭，则无法完成圆角

4. 偏置面（Offset Face）

"偏置面"是指沿面的法向偏置一个或多个表面区域，并保持实体的拓扑结构不变。在图 2-28 所示零件的建模中，加强筋的设计将会使用偏置面功能使其能够进行布尔运算。

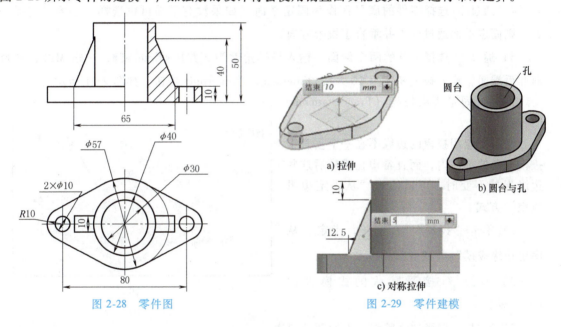

图 2-28　零件图　　　　　　图 2-29　零件建模

范例指导

1）按照图 2-29 所示的流程完成模型的创建。

2）拉伸得到加强筋，如图 2-30a 所示。单击"偏置面"按钮 →选择加强筋实体的竖直表面→输入偏置值为 2→单击 OK，如图 2-30b 所示。

3）对两个实体执行求和运算，结果如图 2-30c 所示。

4）将加强筋拉伸特征、偏置面和布尔特征进行镜像。

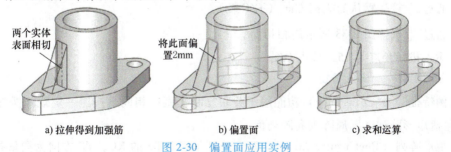

a) 拉伸得到加强筋　　b) 偏置面　　c) 求和运算

图 2-30　偏置面应用实例

5. 拔模（Draft）

"拔模"是将表面更改为与指定拔模方向呈一角度的斜面，通常用于对模型的竖直面应用拔模，以便从模具中顺利脱模。可以为拔模操作选择一个或多个面，但它们必须属于同一个实体。

（1）从固定平面拔模（From Stationary Plane）

此方式用于使表面从一个垂直于拔模方向的固定平面开始拔模。

1）打开文件 Draft，启动建模应用环境。

2）单击"拔模" 按钮，指定"从固定平面拔模"类型 。

3）通过 接受默认的拔模方向（+ZC 轴）。可以利用矢量方式指定新的拔模方向。

4）通过 选择零件的底平面作为固定平面（如果没有平面可供选择，也可以选择一点，则固定平面通过此点并垂直于拔模方向）。

5）通过 选择零件的两个侧面，输入拔模角度为 5 并按<Enter>键，单击 MB2，选择前和后端面，输入拔模角度为 10 并按<Enter>键，单击 Apply 按钮，如图 2-31 所示。

（2）从固定边缘拔模（From Stationary Edges）

当需要应用拔模的边缘不在一个垂直于拔模方向的平面内，而且希望在拔模后这些边缘保持不变时，可以使用"从固定边缘拔模"方式。

1）单击"拔模" 按钮，指定"从固定边缘拔模"类型 。

2）通过 接受默认的拔模方向（+ZC 轴）。

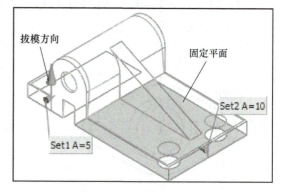

图 2-31 从固定平面拔模

3）通过 选择加强筋斜面上的两条斜边。

4）输入拔模角度为 10，单击 Apply 按钮，如图 2-32 所示。

（3）对面进行相切拔模（Tangent to Faces）

如果需要对相切面进行拔模，并希望表面在拔模之后仍然保持相切，则可以使用"对面进行相切拔模"类型。此方式只允许增加材料。

1）选择"对面进行相切拔模"类型 。

2）通过 接受默认的拔模方向（+ZC 轴）。

3）通过 选择图 2-33 所示的相切面。

4）输入拔模角度为 15，单击 OK。

6. 关联复制——实例特征

"实例特征" （Instance）功能用于关联复制模型中相同且按照一定规律排布的造型特征，包括矩形阵列、圆周阵列和阵列面。

1）矩形阵列（Rectangular Array）：矩形阵列是以 WCS 的 XC、YC 方向为测量参考矢量

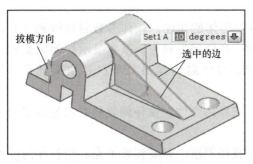
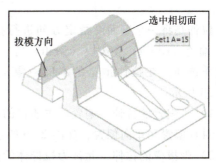

图 2-32　从固定边缘拔模　　　　　　　　　图 2-33　对面进行相切拔模

进行特征的线性阵列，阵列的偏置值可以是正值或负值（负值表示反向）。

2）圆周阵列（Circular Array）：圆周阵列是以指定的旋转轴进行特征的旋转阵列。旋转轴的指定方式包括"点和矢量"和"基准轴"两种方式。

注意：在进行特征阵列时，请注意以下一些情况。

1）无论是矩形阵列还是圆周阵列，阵列的数量是指包含原始特征的总数量。

2）矩形阵列的参数值是参照 XC 和 YC 轴进行测量的，因此，有时为了获得正确的阵列方向，可能需要改变 WCS 的方位。

3）阵列特征与原始特征具有相同的时间戳，可以选择任何一个来编辑特征参数或阵列参数。

7. 镜像特征和镜像体

1）镜像特征（Mirror Feature）是通过基准平面或平表面来镜像选定特征，从而创建对称的形状。

2）镜像体（Mirror Body）是通过基准平面镜像整个体。可以使用布尔操作的求和功能将原先的体与镜像体合并来创建对称的模型。

注意：当对镜像体使用求和操作时，一般将原实体作为目标体，将镜像体作为工具体。

2.4.4　由 2D 轮廓生成特征——基本扫描特征

UG NX 用于创建基本形体的扫描特征包括拉伸、旋转、沿导线扫描和管道，如图 2-34 所示。基本扫描特征可以定义零件的根特征，这时需要定义草图作为剖面。基本扫描特征也可以用于从实体上添加或移除材料，这时需要为它们指定布尔操作选项。

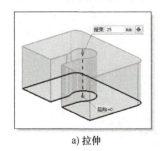

a) 拉伸　　　　　　　b) 旋转　　　　　　　c) 沿导线扫描　　　　　　　d) 管道

图 2-34　基本扫描特征

1. 拉伸（Extrude）

拉伸是将一个剖面沿指定方向进行扫描而获得形体的功能。拉伸参数包括限制（Limit）、偏置（Offset）和拔模（Draft）等，见表2-3。在创建过程中，系统显示拉伸预览和动态操作选项。在拉伸预览的不同对象上单击MB3可以启动弹出菜单执行快捷操作，如图2-35所示。

1）带偏置的拉伸：偏置的主要目的是获得等壁厚的壳体。拉伸偏置的方式包括双向偏置、对称偏置和单向偏置，如图2-36所示。

2）带拔模的拉伸：允许为拉伸体的侧面指定拔模斜度。需要注意的是，当拉伸的起始位置和剖面不重合时，需要指定拔模的固定基准位置为"从起始位置（Simple from Start）"或"从剖面（Simple from Profile）"，如图2-37a、b所示；当拉伸的两个限制分别位于剖面的两侧时，还可以选择"对称拔模（Symmetric）"或"匹配端面（Matched Ends）"，如图2-37c、d所示。

表2-3 拉伸的参数与动态手柄

图例	参数	说明
	起始限制	用于在拉伸方向上定义拉伸构造方法和限制范围。包括输入参数、对称值、修剪到已有对象和贯穿全部对象等方式
	结束限制	
	起始偏置	在剖面所在平面上进行偏置
	结束偏置	
	拔模角度	用于为拉伸体的侧面添加拔模特性
	选择剖面	拉伸剖面可以是任何曲线和边缘
	布尔操作	当模型中存在其他实体时，可以执行选定的布尔操作。当存在多个实体时，需要手工选择布尔操作的目标体

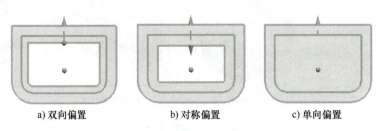

图2-35 拉伸的MB3快捷菜单

a) 双向偏置　　b) 对称偏置　　c) 单向偏置

图2-36 拉伸偏置选项

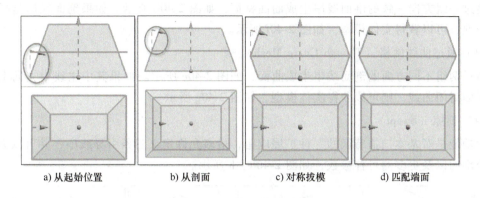

a) 从起始位置　　b) 从剖面　　c) 对称拔模　　d) 匹配端面

图 2-37　拉伸拔模控制

2. 旋转（Revolve）

旋转特征是指一个剖面绕一个指定的轴旋转扫描而获得形体的功能。可以为旋转限制角度参数或者旋转到选定对象，如图 2-38 和图 2-39 所示。

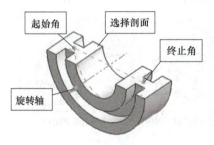
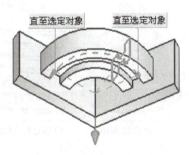

图 2-38　旋转特征的角度参数　　　　　　图 2-39　旋转到选定对象

3. 沿导线扫描（Sweep Along Guide）

沿导线扫描是指通过沿着指定的一条引导线串（Guide String）来扫描一个剖面线串（Section String），从而获得形体。当引导线串和剖面线串中至少一个为平面封闭曲线时，就可以获得实体模型。

注意： 一般要求引导线串是平面线串，如果沿 3D 曲线进行扫描，建议使用自由曲面的"扫掠（Swept）"特征。剖面曲线通常应该位于开放式引导路径的起点或封闭式引导路径的任意曲线端点，否则可能会得到错误的结果。

4. 自由曲面特征

当使用标准成型特征和基本扫描功能无法表达一个形状时，可以使用自由曲面功能。自由曲面中用于主体形状建模的最常用的四种特征是：直纹、通过曲线组、通过曲线网格和扫掠。自由曲面建模需要首先使用草图或曲线功能构造线框模型，然后选择合适的曲面构造方法进行建模，这部分内容将在后续章节中介绍。

（1）直纹（Ruled）

以两组剖面线串生成一种具有直纹特性的曲面特征，如图 2-40a 所示。当两个剖面线串均为平面封闭曲线时，可以获得实体模型，如图 2-40e 所示。

（2）通过曲线组（Though Curves）

通过一组方向一致的剖面线串生成曲面特征，如图 2-40b 所示。如果剖面线串是平面封闭的情况，可以获得实体模型，如图 2-40f 所示。

（3）通过曲线网格（Though Curve Mesh）

通过两组不同方向的剖面线串生成曲面，如图 2-40c 所示。如果其中主线串方向上的线串为平面封闭曲线，则可以获得实体模型，如图 2-40g 所示。

（4）扫掠（Swept）

此功能是对基本扫描特征的一种扩展应用，最多允许定义三条引导线串，并可以为其指定多个剖面以及更多的可控参数，如图 2-40d、h 所示。

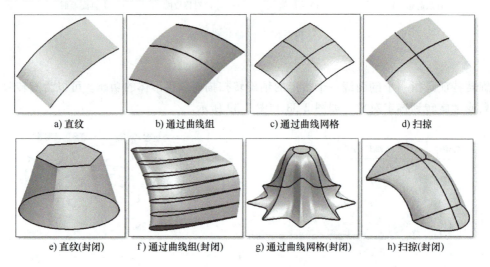

a）直纹　　b）通过曲线组　　c）通过曲线网格　　d）扫掠

e）直纹(封闭)　f）通过曲线组(封闭)　g）通过曲线网格(封闭)　h）扫掠(封闭)

图 2-40　自由形状特征举例

2.4.5　部件导航器

部件导航器（Part Navigator）以一个详细的树状结构来显示部件的特征结构。用户可以使用部件导航器来了解部件的基本结构和编辑特征的参数。部件导航器可以管理特征、视图、制图、用户表达式引用集和未使用的项目等。在资源条中选择图标，可以打开部件导航器。部件导航器一共包括四个显示面板，如图 2-41 所示。

（1）部件导航器的显示模式

部件导航器的主面板有两种显示模式：一种是较为详细的"设计视图"模式；另一种是较为简单的"时间戳记顺序"模式。在部件导航器空白处单击 MB3，在弹出菜单中勾选"时间戳记顺序"则切换到"时间戳记顺序"模式；取消选择，则显示"设计视图"模式。

1）"设计视图"模式。使用树状结构显示模型中的所有体及其所包含特征和相关操作，如图 2-42 所示。部件导航器首先在顶部显示最新创建的特征，然后按相反的时间戳记顺序显示体中的所有元素。如果需要以时间戳记顺序显示特征，请单击"名称"标题栏。

2）"时间戳记顺序"模式。在这种模式下，部件导航器以创建时间戳记的历史顺序列出工作部件中的每个特征，如图 2-43 所示。如果要以相反的时间戳记顺序显示特征，请单击"名称"标题栏。

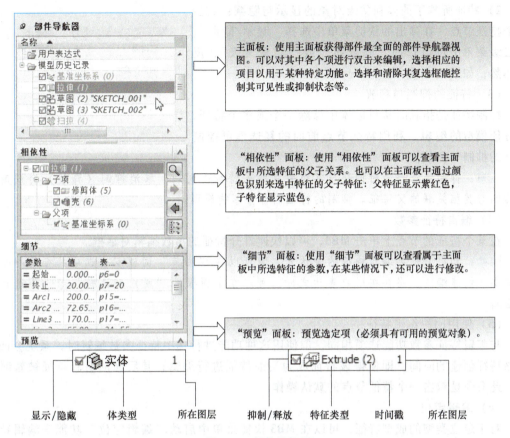

图 2-41 部件导航器

图 2-42 "设计视图"模式

图 2-43 "时间戳记顺序"模式

注意：部件导航器中灰色的节点表示该特征所属的对象被隐藏或位于不可见的层。

（2）模型的显示与隐藏

利用部件导航器可以控制当前部件中几何对象的显示与隐藏状态。

1）利用复选框控制实体或片体的显示与隐藏：在"设计视图"模式下，模型以及模型所包括的实体或片体复选框可用于控制它们的显示与隐藏状态，勾选复选框显示对象，反之隐藏对象。这种类型的复选框以红色的"√"表示。

2）特征所基于的体和父级对象的显示与隐藏：右击某个特征节点，在弹出的快捷菜单中选择"显示/隐藏"，在二级菜单中可以选择"隐藏体"或"隐藏父级"，反之亦然，如图2-44所示。

(3) 特征的抑制与释放

抑制特征是指临时从目标体中移除一个或多个特征，以方便模型的编辑。利用特征节点前面的复选框可控制特征的抑制与释放。

图2-44 基于特征的体的显示与隐藏

注意：抑制特征会同时抑制与其相关联的子特征；同理，取消抑制（释放）会同时取消抑制与其相关联的父特征。抑制的特征同样会影响模型。

(4) 编辑特征参数

在某个特征的节点上单击MB3，可以快速打开特征的参数编辑对话框。

注意：如果只需要编辑特征的表达式，则可以在"细节"面板双击选中特征的一个表达式实现快速编辑。当存在用户表达式时，可以在主面板的"用户表达式"节点下进行参数编辑。

(5) 使用回滚编辑特征

与编辑特征参数功能选项相同，但使用这种功能进行选中特征参数编辑时，系统会回滚到该特征创建的时间，即使得该特征成为当前特征进行编辑，其后面的所有特征被暂时屏蔽。此命令是双击一个特征节点的默认操作。

(6) 编辑定位

对于定位类型的成型特征，可以在MB3快捷菜单中启动"编辑定位"功能来编辑特征定位。

(7) 插入特征

如果需要插入特征，可以使用MB3快捷菜单的"使成为当前特征"功能。具体做法是使此特征的前一个相邻特征成为当前特征，则其后的所有特征都将标记为不活动状态 。此时就可以创建新特征，插入当前特征之后，非激活特征之前。插入特征完成后，再使后面的某一个特征成为当前特征。

(8) 特征重排序

在建模过程中，有时由于模型复杂或考虑不周，可能会使建模的顺序发生错误，此时无须删除特征，只需对特征顺序进行重新调整即可。在部件导航器中，有两种方式可以实现此操作：选择一个或几个特征节点→单击MB3→在弹出菜单中选择"排在前面"或"排在后面"；选择一个或几个需要排序的特征节点，按住MB1拖动它们到目标位置。

注意：进行特征重排序时需要注意特征的依附性，父子特征的顺序一般不能颠倒，例如不能将特征排在其父特征之前，同理，也不能排在其子特征之后。

(9) 在更新时编辑

在进行模型编辑的过程中，当完成一个编辑操作之后，系统会更新模型。当更新失败时，系统会弹出一个"更新时编辑"（Edit During Update，简称EDU）对话框，并暂停模型更新，如图2-45所示。对话框顶部会提示更新错误的特征和错误信息，此时通常首先进行原因分析，并使用"显示当前模型"和"显示失败的区域"按钮在图形窗口中检查设计模型，然后有针对性地选择如下操作。

注意：进行上述操作的前提是在"建模首选项"对话框中设置了何时出现"更新时编辑"对话框，如图 2-46 所示。

1）如果当前特征发生错误，则单击对话框中的"编辑特征参数"按钮，编辑当前出错的特征参数。

2）如果当前特征的父特征发生错误，则单击对话框中的按钮返回上一步特征，或者单击对话框中的按钮，浏览选择前面的特征，然后进行编辑。

3）如果暂时无法准确判断错误的原因或暂时不能进行处理，也可以采取下面的操作。

① 单击对话框中的按钮接受当前更新失败特征，或单击按钮接受所有更新失败的特征。这些更新失败的特征被称为"过时（Out of Date）特征"，在部件导航器中显示状态为，单击此标记打开 EDU 对话框。

② 单击按钮抑制当前特征，或单击按钮抑制所有更新失败特征。

③ 单击按钮删除特征，或单击按钮撤销编辑，但一般不建议这样做。

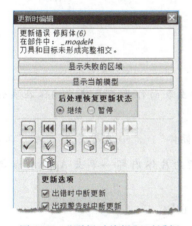

图 2-45 "更新时编辑"对话框

图 2-46 "建模首选项"对话框

（10）体的联合与修剪操作

NX 建模时很重要的一项操作是实体与片体的混合操作功能，最为常用的是修剪体、补片体和缝合操作。

1）修剪体（Trim Body）。使用一组面或基准平面修剪一个或多个目标体，在操作过程中需要指定目标体被移除的方向。目标体可以是实体，也可以是片体。工具体必须完全贯穿整个目标体才能完成操作。

2）补片体（Patch Body）。使用片体替代目标实体（或片体）上的某些表面。工具体必须是片体，且工具体边缘必须完全位于目标体的表面之上而形成闭合区域。

3）缝合（Sew）。缝合用于将多个相邻的片体合并成单一体。目标片体是唯一的，工具片体可以有多个，并且片体边界必须在给定的公差范围内重合。如果输入片体封闭，则可能生成实体。

【范例指导】

1. 利用修剪体功能获得实体表面的一个曲面造型

1）打开文件 sew_trim，并启动建模应用。

2）单击"缝合"按钮→选择其中的一个片体作为"目标片体"→选择其他所有片体作为"工具片体"→单击 OK，如图 2-47 所示。

3）选择"修剪体"→选择实体作为"目标体"→单击 MB2→选择上一步缝合的片体作为"工具体"→检查预览结果，如果移除方向错误则选择"反向"→单击 OK，如图 2-48 所示。

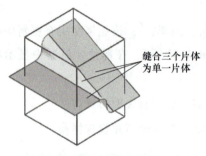
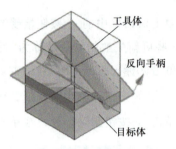

图 2-47　缝合相连的片体　　　　　　　图 2-48　修剪体

2. 利用补片体功能获得实体表面的一个曲面造型

1）打开文件 Patch_body，并启动建模应用。

2）修剪片体：选择片体作为目标体，选择实体的上表面作为工具体，确保在实体内的片体被移除，如图 2-49 所示。

3）单击"补片体"按钮→选择实体作为"目标体"→选择片体作为"工具体"→如果有必要，选择"倒转移除方向"确保箭头指向片体内部→单击 Apply，如图 2-50 所示。

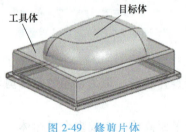

图 2-49　修剪片体　　　　　　　图 2-50　补片体

项 目 小 结

本项目通过一些典型的范例介绍了 UG NX 特征建模系统的常用指令和基本工具，这是 UG NX 学习中非常重要的一部分内容。通过了解 UG NX 建模的一般流程，熟悉一些常用的建模指令和熟练使用参数化编辑工具，如部件导航器等，将为后续学习打下良好的基础。学习本项目之后，读者应该能够完成一些简单零件的建模。

思考与练习

问答题

1. 成型特征的定位方法有哪些？分别用于哪些情况？
2. 由曲线（或草图）可以创建哪些主要的特征？
3. UG NX 包括哪些类型的表达式？
4. 可以通过部件导航器进行哪些特征编辑操作？

操作题

完成图 2-51 所示零件的三维建模。

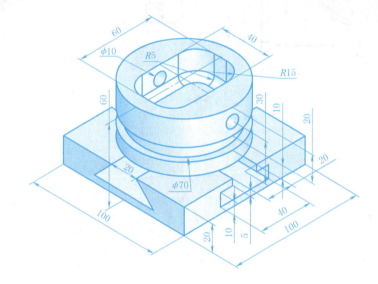

a) 零件1

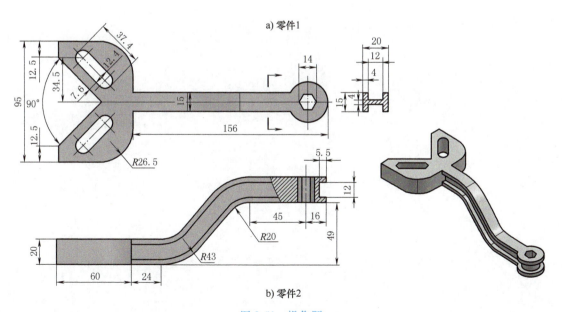

b) 零件2

图 2-51 操作题

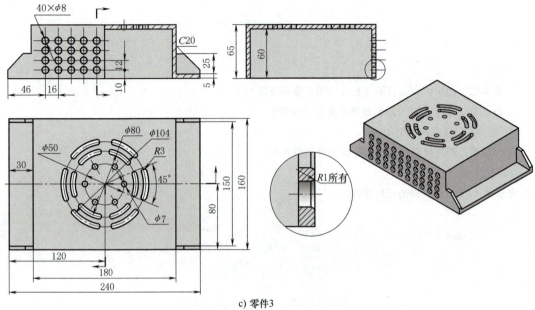

c) 零件3

图 2-51 操作题（续）

项目 3　草图建模应用——计算机散热风扇设计

【项目介绍】

草图是 UG NX 建模环境非常重要的参数化设计工具，熟练设计和编辑草图是完成一项参数化产品设计工作的前提。本项目以计算机散热风扇（图 3-1）为例，系统讲解草图创建和编辑的各种方法与技巧。

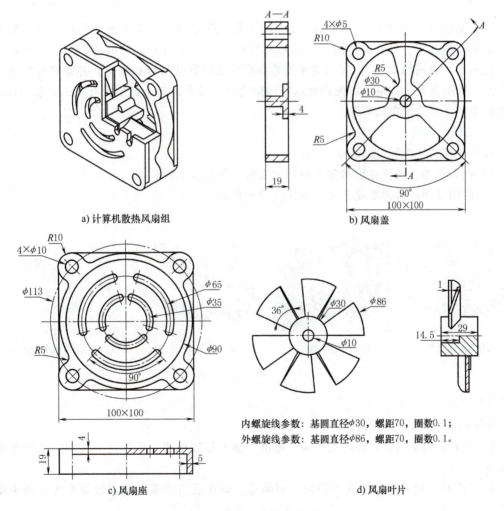

a) 计算机散热风扇组　　b) 风扇盖

c) 风扇座　　d) 风扇叶片

内螺旋线参数：基圆直径 $\phi30$，螺距 70，圈数 0.1；
外螺旋线参数：基圆直径 $\phi86$，螺距 70，圈数 0.1。

图 3-1　计算机散热风扇项目

【项目目标】

理解在什么时候和为什么使用草图；通过【直接草图】工具条和草图任务环境完成草图的设计与编辑；能够使用草图进行设计工作。

【项目相关知识点】

- 使用草图的一般过程。
- 创建和编辑草图曲线。
- 草图的约束管理。
- 编辑已经存在的草图。
- 通过学习草图范例，熟练掌握草图的使用方法。

任务 3.1　熟悉 UG NX 软件草图环境

草图是位于一个指定平面上被命名的 2D 曲线的集合。从草图创建的特征与草图相关联，如果草图改变，特征也将改变。通过几何和尺寸约束的形式来驱动草图或建立设计准则，这称为"草图约束"。使用约束来创建参数驱动的设计很容易编辑，并能够进行可预测的更新。草图会评估约束，以便确保这些约束完整且没有冲突。如果没有特殊要求，建议完全约束来定义特征轮廓的草图。

1. 草图的用途

草图能够满足各种设计需求，如：

1）作为扫描、拉伸或旋转等特征的定义线，如图 3-2 所示。

2）使用草图进行需要使用大量平面曲线的概念设计等。

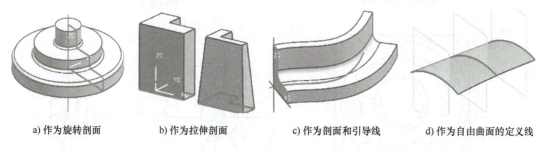

a）作为旋转剖面　　b）作为拉伸剖面　　c）作为剖面和引导线　　d）作为自由曲面的定义线

图 3-2　草图应用举例

2. 草图创建流程

草图的类型包括以下两种。

1）平面上的草图：在指定的平面、基准平面上创建草图，选择这一类型的关键考虑因素如下。

① 草图是否定义部件的基本特征？如果是，则在适当的基准平面或基准坐标系中创建草图。

② 草图是否被添加到现有基本特征上？如果是，则选择一个现有基准平面或部件表面，

或创建一个新的与现有基准平面或部件几何体有适当关系的基准平面。

2）路径上的草图：通过在路径上指定的点在与路径关联的平面上创建草图。

通常情况下，应用草图的工作流程如图3-3所示。

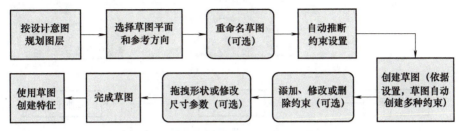

图3-3　应用草图的工作流程

3. 直接草图和草图任务环境

【直接草图】工具条和草图任务环境提供了两种草图创建模式，【直接草图】工具条一般建议在以下情况下启用。

1）创建新的草图。

2）想要查看草图的修改对模型产生的实时效果。

3）正在编辑的草图具有有限数量的下游特征。

草图任务环境的使用时机如下。

1）正在编辑的草图具有较多的下游特征，模型实时更新较慢。

2）需要访问投影曲线、交点和相交曲线等命令。

注意： 通过【直接草图】工具条右侧的"在草图任务环境打开" 按钮可以随时进入草图任务环境。

任务3.2　计算机散热风扇建模

由图3-1a得知，计算机散热风扇组由风扇盖、风扇座和风扇叶片三个零件组成。经分析，三个零件无法用基本体创建，应采用草图建模的方式创建。

3.2.1　风扇盖设计

任务分析

风扇盖可由草图与拉伸两个基本命令创建，其建模思路如图3-4所示。

1. 创建"风扇盖.prt"文件

单击"新建"按钮或者选择【菜单】/【文件】/【新建】命令，弹出"新建"对话框，"单位"选择"毫米"，输入"名称"为"风扇盖.prt"，"文件夹"设为"D：\计算机散热风扇\"，单击"确定"按钮。

2. 绘制并约束草图

1）绘制与编辑草图：使用"直接草图"功能或【菜单】/【插入】/【在任务环境中创建草图】命令进入草图绘制模式，绘制图3-5a所示的草图曲线并激活显示所有约束按钮，借

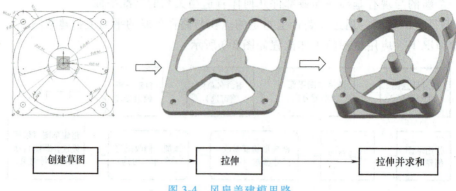

图 3-4 风扇盖建模思路

助"角焊""快速修剪""阵列曲线""转换为参考"等命令完成图 3-5b、c 所示草图的绘制与编辑。

2)添加几何约束:选择图 3-5d 所示的直线,通过约束的快捷方式设置"水平"或"垂直"约束,其他采用系统默认几何约束。

注意: 也可单击"约束"按钮 ⟋⟋,打开"几何约束"对话框,如图 3-6 所示,然后按照选择约束类型→选择线条的顺序为草图添加几何约束。

3)添加尺寸约束:单击"快速尺寸"按钮 ⌀,按照图 3-5e 所示添加尺寸约束。

4)退出草图模式:单击"完成草图"按钮 ⊞,结束草图模式。

3. 创建实体

1)创建基础拉伸体:单击"拉伸"按钮 ⧠,弹出"拉伸"对话框,设置曲线选择规则为"区域边界曲线",选择图 3-5f 所示区域,拉伸方向为"+ZC",限制"开始"值为 0mm,"结束"值为 4mm,其他采用系统默认设置,单击"应用"按钮,创建图 3-5f 所示的拉伸体。

2)创建求和拉伸体:选择图 3-5g 所示区域,拉伸方向为"+ZC",限制"开始"值为 0mm,"结束"值为 19mm,"布尔"选择"合并",其他采用系统默认设置,单击"确定"按钮,创建图 3-5g 所示的求和拉伸体。

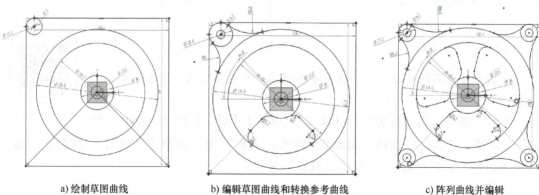

a) 绘制草图曲线   b) 编辑草图曲线和转换参考曲线   c) 阵列曲线并编辑

图 3-5 风扇盖的建模过程

项目3　草图建模应用——计算机散热风扇设计

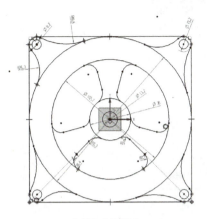

d) 添加几何约束

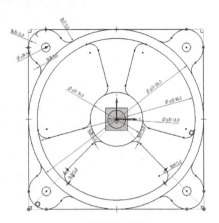

e) 添加尺寸约束

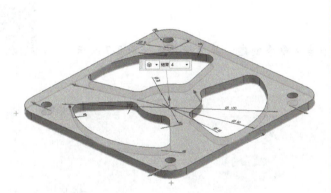

f) 创建基础拉伸体

g) 创建求和拉伸体

图 3-5　风扇盖的建模过程（续）

图 3-6 "几何约束"对话框

3.2.2 风扇座设计

任务分析

风扇座可由草图与拉伸两个基本命令创建,其建模思路如图 3-7 所示。

风扇座

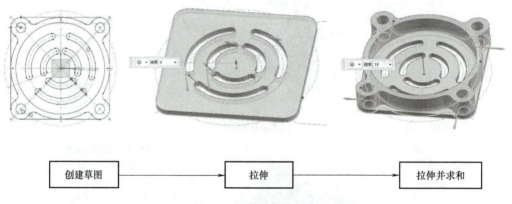

创建草图 → 拉伸 → 拉伸并求和

图 3-7 风扇座建模思路

单击"新建"按钮或者选择【菜单】/【文件】/【新建】命令,弹出"新建"对话框,"单位"选择"毫米",输入"名称"为"风扇座.prt","文件夹"设为"D:\计算机散热风扇\",单击"确定"按钮。然后按照 3.2.1 中风扇盖的建模方法,根据图 3-8 所示建模过程完成风扇座的建模。

3.2.3 风扇叶片设计

任务分析

风扇叶片采用特征建模的方式创建,其建模思路如图 3-9 所示。

叶片

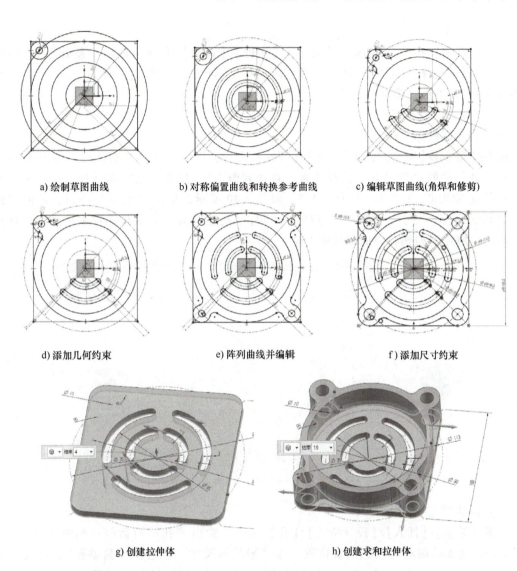

图 3-8 风扇座的建模过程

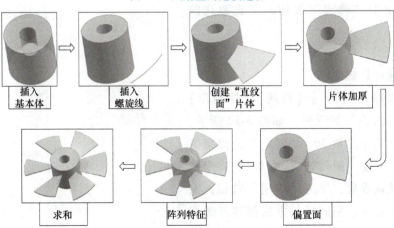

图 3-9 风扇叶片建模思路

1. 新建文件

单击"新建"按钮或者选择【菜单】/【文件】/【新建】命令，弹出"新建"对话框，"单位"选择"毫米"，输入"名称"为"风扇叶片.prt"，"文件夹"设为"D：\ 计算机散热风扇\ "，单击"确定"按钮。

2. 创建基本体

（1）创建圆柱体

选择【菜单】/【插入】/【设计特征】/【圆柱】命令，弹出"圆柱"对话框，如图3-10所示。在"轴"栏的"指定点"后选择为"自动判断点"，打开"点"对话框，在"输出坐标"栏设置X为0，Y为0，Z为-14.5，如图3-10所示，单击"确定"按钮，返回"圆柱"对话框，在"尺寸"栏输入"直径"为30，"高度"为29，其他选项采用系统默认设置，单击"应用"按钮，完成圆柱的创建。

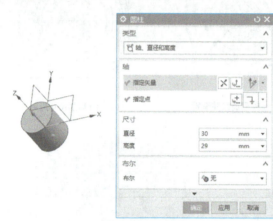

图3-10　圆柱建模

（2）创建圆孔

选择【菜单】/【插入】/【设计特征】/【孔】命令，弹出"孔"对话框，如图3-11所示。选择圆柱上表面的圆心为孔的放置位置，在"形状和尺寸"栏选择"简单孔"，输入"直径"为10，"深度"为14.5，"顶锥角"为0°，"布尔"选择"减去"，其他选项采用系统默认设置，单击"确定"按钮，完成圆孔的创建。

3. 创建叶片

（1）创建叶片螺旋线

选择【菜单】/【插入】/【曲线】/【螺旋形】命令，弹出"螺旋"对话框，如图3-12所示，输入"直径"为恒定值30，"螺距"为恒定值70，"长度"为按"圈数"，值为0.1，其余选项采用系统默认设置，单击"应用"按钮，完成内螺旋线的创建。用同样的方法创建外螺旋线，其参数如图3-13所示。

图3-11　创建圆孔

项目3　草图建模应用——计算机散热风扇设计

图 3-12　创建内螺旋线　　　　　　图 3-13　创建外螺旋线

（2）创建叶片曲面

选择【曲面】/【更多】/【网格曲面】/【直纹】命令，弹出"直纹"对话框，如图 3-14 所示，选择内螺旋线，单击 MB2，选择外螺纹线，单击 MB2，其余选项采用系统默认设置，完成图 3-15 叶片的片体造型。

注意：【直纹】命令也可利用功能区右上角的命令查找器搜索得到。

图 3-14　调用【直纹】命令

（3）创建叶片实体

选择【菜单】/【插入】/【偏置/缩放】/【加厚】命令，弹出"加厚"对话框，如图 3-16 所示。选择图 3-16 所示直纹曲面，在对话框"厚度"栏"偏置 1"处输入-0.5，"偏置 2"处输入 0.5，"布尔"选择"无"，其余选项使用系统默认设置，单击"确定"按钮，完成一个叶片实体的创建。

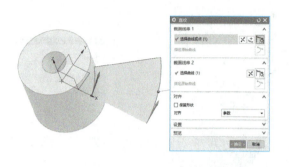 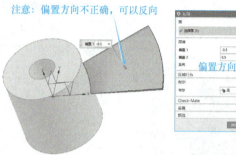

图 3-15 "直纹"对话框　　　　　图 3-16 "加厚"对话框

为保证后续叶片能够与基本体进行求和运算，还需要使图 3-16 所示的叶片与基本体有重合的部分。选择【菜单】/【插入】/【偏置/缩放】/【偏置面】命令，弹出"偏置面"对话框，如图 3-17 所示，选择图 3-17 所示加厚体的面，在"偏置面"对话框的"偏置"文本框中输入 2，单击"确定"按钮，完成图 3-18 所示偏置面的创建。

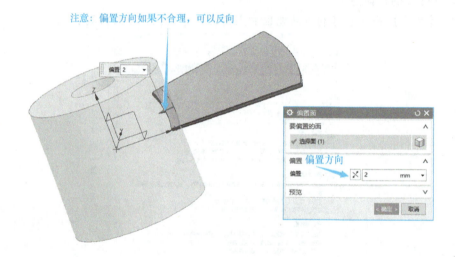

图 3-17 "偏置面"对话框

由图 3-1 得知，风扇叶片结构为外圆柱面均匀分布着 6 个叶片，因此需要将图 3-18 所示偏置后的叶片阵列为 6 个。选择【菜单】/【插入】/【关联复制】/【阵列特征】命令，弹出"阵列特征"对话框，如图 3-19 所示。选择"加厚"和"偏置面"特征作为要形成阵列的特征，在"阵列定义"栏选择"布局"为"圆形"，旋转轴矢量为"+ZC"，"斜角方向"栏的"间距"为"数量和跨距"，"数量"为 6，"跨角"为 360°，其他选项采用系统默认设置，单击"确定"按钮，完成图 3-20 所示阵列特征的创建。

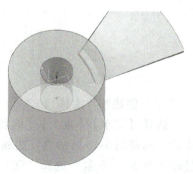

图 3-18 偏置后的叶片体

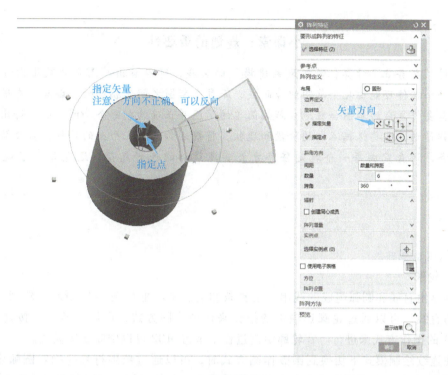

图 3-19 "阵列特征"对话框

(4) 求和

选择【菜单】/【插入】/【组合】/【合并】命令，弹出"合并"对话框，如图 3-21 所示。选择基本体为目标体，阵列的 6 个叶片为工具体，单击"确定"按钮，完成风扇叶片的创建。

图 3-20 阵列特征

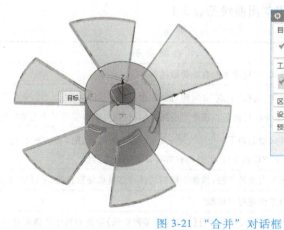

图 3-21 "合并"对话框

小课堂：规划的重要性

通过"任务 3.2 计算机散热风扇建模"的实践，可以看出草图在参数化设计中的重要性。一个零件可能由几个草图组合而成，而每个草图之间互相影响。因此，在进行草图建模时需要将复杂的草图合理地分解为简单的草图并正确绘制每个草图。这就好比人生规划、工作计划，需要根据不同的阶段和现状，将规划拆解成几个大的目标，再分解为几个小的任务，认真完成每一个既定任务才能实现最终的美好愿望，这也体现了规划的重要性。

知识拓展

1. 常用草图曲线

（1）轮廓

轮廓是由直线和圆弧组成的线串，工具条和动态文本框如图 3-22 所示。轮廓的默认绘制方式为直线，可以通过轮廓选项中的按钮来切换作图方式，也可以通过"按住-拖动-释放"MB1 的操作方式来进行。在轮廓绘制过程中单击 MB2 可以中断线串模式。

当在连续绘制模式下切换到圆弧作图方式时，可以通过象限符号⊗确定圆弧生成的方向。在图 3-23 中，在曲线生成方向上的象限❶❷表示相切区域，象限❸❹表示垂直区域。如果圆弧的方向错误，就需要预选直线或圆弧的端点，然后从正确的象限移出光标。

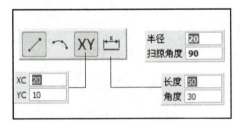

图 3-22 轮廓工具选项

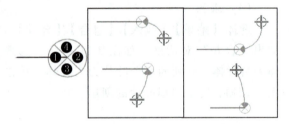

图 3-23 轮廓绘制的象限符号

（2）其他草图曲线简介

除前面介绍的轮廓外，其他常用草图曲线见表 3-1。

表 3-1 其他常用草图曲线

草图曲线	功能说明
直线（Line）	单一绘制直线方式，与轮廓中的直线功能类似
圆弧（Arc）	单一绘制圆弧方式，包括"三点" 和"圆心、端点" 两种方法。当指定"三点"圆弧的第三点时，如果移动光标通过起点或终点的圆形标记，则可以改变第三个点的类型
矩形（Rectangular）	可以使用三种方式绘制矩形 ：分别为按 2 对角点、按 3 点和中心点，第一种方式绘制的矩形与 XC 和 YC 轴平行，另外两种方式可以绘制任意角度
派生直线（Derived Lines）	由已有直线生成新直线的方法：根据不同的选择可以生成偏置直线、平行中线、角平分线
艺术样条（Studio Spline）	使用点或极点动态创建样条曲线
椭圆（Ellipse）	椭圆参数如图 3-24 所示,可以通过【编辑】/【编辑曲线】功能对选中的椭圆进行参数编辑

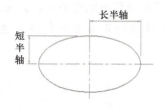 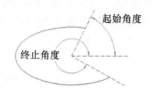 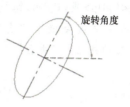

图 3-24 椭圆参数

2. 编辑草图曲线

草图曲线工具提供多种编辑曲线的方法，主要包括快速修剪、快速延伸和倒圆角等。

1) 快速修剪（Quick Trim）：将选中的曲线自动修剪至最近的交点或选中的边界。下面展示几种常用的修剪方法。

① 修剪单一曲线：移动光标到要修剪的曲线上，预览修剪结果，单击 MB1 完成修剪，如图 3-25 所示。

② 修剪多条曲线：按住 MB1 不放，使用蜡笔工具移过每条曲线时，系统会对该曲线进行修剪，如图 3-26 所示。

③ 修剪曲线到选中边界：在"快速修剪"对话框中激活边界曲线选择选项，选择修剪边界，单击 MB2，选择需要修剪的曲线，如图 3-27 所示，没有相交的曲线会修剪到虚拟交点。

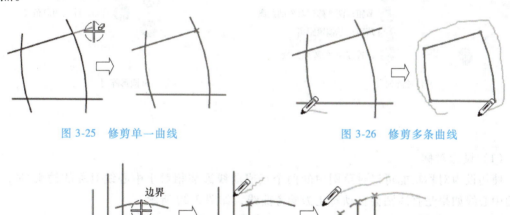

图 3-25 修剪单一曲线   图 3-26 修剪多条曲线

图 3-27 修剪曲线到选中边界

2) 快速延伸（Quick Extend）：将选中曲线延伸至距离最近的另一条能够实际相交的曲线上或选中边界的虚拟交点。

① 延伸单一曲线：与快速修剪的操作方法类似，但是需要在曲线延伸时进行选择。

② 延伸多条曲线：与快速修剪的操作方法类似，使用蜡笔工具划过需要延伸时曲线端。

③ 延伸曲线到选中边界：将曲线延伸到选中边界或延伸至虚拟交点。

3) 制作拐角：在两条曲线之间构造相互修剪或者延伸的拐角，使两条曲线端点重合。

4) 圆角（Fillet）：在不相切的两条或三条曲线之间创建相切过渡圆弧，可以指定是否修剪原曲线或删除第三条曲线。预览圆角时，可以通过移动光标在不同象限产生圆角，也可以通过<PgUp>或<PgDn>键切换为不同结果。图3-28展示了几种草图圆角的创建方法。

注意： 系统会根据"自动推断约束设置"情况，在修改曲线以后自动创建某些约束，如"点在曲线上""重合""相切"等。

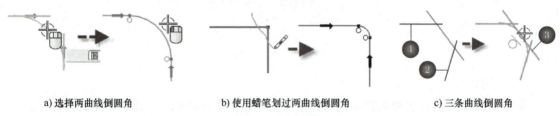

a) 选择两曲线倒圆角　　　　b) 使用蜡笔划过两曲线倒圆角　　　　c) 三条曲线倒圆角

图3-28　倒圆角的几种情况

3. 阵列曲线

使用阵列曲线功能可以对与草图平面平行的边、曲线和点进行阵列，包括线性阵列和圆形阵列，阵列的参数定义如图3-29所示。此操作会创建阵列约束（圆形阵列标识为 ，线性阵列标识为 ），双击阵列约束符号或阵列曲线可以编辑阵列参数。

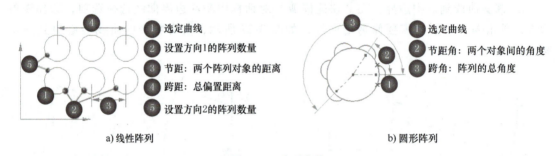

a) 线性阵列　　　　　　　　　　　　　b) 圆形阵列

图3-29　阵列曲线

4. 对称草图

（1）设为对称

使用设为对称功能可以对草图中的两个点或曲线添加相对于中心线对称的约束 ，选中的中心线如果是直线则会自动转化为参考曲线，如图3-30所示。

（2）镜像曲线

使用镜像曲线功能可以将指定的草图曲线以选定的中心线生成镜像曲线，显示镜像约束符号 ，选中的中心线如果是直线则会自动转化为参考曲线，如图3-31所示。

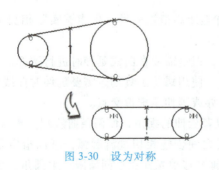
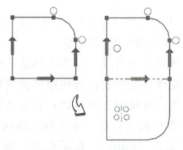

图3-30　设为对称　　　　　　　　　　图3-31　镜像曲线

5. 投影曲线

投影曲线功能可以将曲线或点沿草图平面的法向投影到草图中，如图 3-32 所示。可以通过关联或非关联方式进行投影。当使用关联方式时，投影的线串是固定的，此时对于投影曲线的编辑操作将会删除这种关联性。

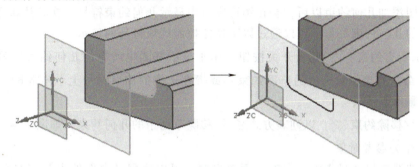

图 3-32　投影曲线到草图平面

6. 草图约束

（1）草图点与自由度

草图求解器的解析点称为草图点（Sketch Point），不同的草图曲线具有不同类型的草图点。通过控制这些点的位置可以控制草图曲线，草图约束实际上就是将草图点进行定位的过程。

当激活草图约束命令之后（几何或尺寸约束），在未约束或未完全约束的草图曲线草图点上显示黄色箭头，称为草图自由度（DOF）。自由度箭头意味着该点可以沿该方向移动，如图 3-33 所示，添加约束将消除自由度。

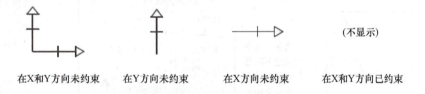

　　在X和Y方向未约束　　在Y方向未约束　　在X方向未约束　　在X和Y方向已约束

图 3-33　草图点与自由度

注意：当创建草图过程中激活了自动添加约束的功能时，将不显示自由度箭头。

（2）草图的颜色

为了能够更好地检查和管理草图的约束状态，系统为不同类型的草图对象以及草图在不同约束状态时的显示设置了不同的颜色。选择【首选项】/【草图】命令，查看"首选项"对话框中的"颜色"选项卡，可以了解草图颜色的设置。

（3）草图的约束状态

当选择尺寸或几何约束命令时，NX 的状态栏将列出激活草图的约束状态。草图可能为完全约束、欠约束、过约束或冲突约束。

1）完全约束草图：草图点上无自由度箭头或草图被添加了自动尺寸约束。

2）欠约束草图：草图中尚有自由度箭头存在或存在自动约束尺寸，状态栏提示"草图需要 N 个约束"或"草图由 N 个自动标注尺寸完全约束"。

3) 过约束草图：在草图中添加了多余的约束。过约束的草图曲线和约束变为橙色。

4) 冲突约束草图：尺寸约束和几何体发生冲突，冲突的草图曲线和尺寸显示为粉红色。发生这种情况的原因可能是当前添加的尺寸导致草图无法更新或无解。

(4) 草图的几何约束符号显示与删除

当为草图添加几何约束以后，会在图形窗口中显示几何约束符号。在默认状态下，草图只显示常见的几何约束符号。可以通过以下按钮控制约束符号的显示。

1) 显示所有约束：此为开关按钮，用于显示草图中所有的几何约束符号。可以使用【删除】命令直接删除选中的草图约束；或者在选中的约束符号上单击MB3，选择快捷菜单中的【删除】命令。

2) 显示/移除约束：以列表方式显示/移除草图中的几何约束，如图3-34所示。

(5) 转化为参考对象

当草图曲线或尺寸只作为参考对象而存在时，可以使用【草图约束】工具条中的"参考转化"功能。参考曲线一般用于辅助约束草图，不能作为特征定义线；参考尺寸对于草图没有约束作用，一般用于反映草图尺寸的变化。"参考转化"是一种可逆操作，即也可以将参考对象转化为激活对象。

(6) 草图的辐射菜单

在选中（预选）的草图曲线或尺寸上长按MB3，可以打开推断式辐射菜单，用于执行很多快捷操作，如图3-35所示。

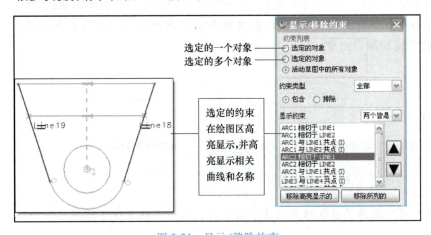

图3-34 显示/移除约束

图3-35 辐射菜单

(7) 添加草图约束

通过为草图曲线添加几何和尺寸约束可以实现草图参数化设计，以满足设计意图。

1) 几何约束（Geometric Constraints）。几何约束用于指定草图曲线之间必须维持的几何关系。选中需要约束的曲线后，系统仅列出可能添加到当前选中曲线的约束，已有的约束将会显示为灰色，如图3-36所示。也可以在选择的对象上单击MB3打开快捷菜单。

2) 尺寸约束（Dimensional Constraints）。尺寸约束的主要类型如图3-37所示，可以为尺寸输入新的表达式名称和数值。通过双击一个尺寸可以进行编辑。在创建和编辑尺寸约束时，也可以单击工具条中的按钮，启动对话框进行更多的尺寸约束操作。

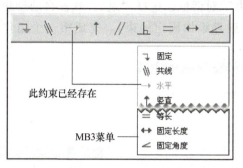

图 3-36　几何约束选项

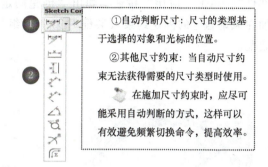

图 3-37　工具条中的尺寸约束选项

任务 3.3　计算机散热风扇装配

任务分析

计算机散热风扇包括风扇盖、风扇座和风扇叶片三个零件，如图 3-38 所示。

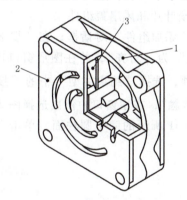

图 3-38　计算机散热风扇

1—风扇盖　2—风扇座　3—风扇叶片

任务实施

1. 基于"装配"模板新建一个装配部件

单击"新建"按钮或者选择【菜单】/【文件】/【新建】命令，在弹出的"新建"对话框中选择"装配"模板，输入文件名"计算机散热风扇.prt"，保存的文件夹建议与零件相同，单击"确定"按钮完成装配部件的建立。

计算机散热风扇装配

2. 装配计算机散热风扇组件

（1）通过固定约束添加风扇盖组件

装配文件创建之后软件弹出"添加组件"对话框，如图 3-39 所示，在对话框中单击"要放置的部件"中的"打开"按钮　，浏览需要装配的计算机散热风扇组件，选择"风扇盖.prt"，双击 MB1 回到"添加组件"对话框，设置"装配位置"为"绝对坐标系-工作部件",单击"应用"按钮,弹出"创建固定约束"对话框,选择"是",软件自动创建添加在风扇盖上的固定约束(装配时第一个组件一般都添加固定约束),完成第一个组件的装配。

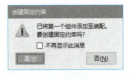

图 3-39　添加风扇盖组件

(2)通过相对约束添加风扇叶片和风扇盖组件

添加风扇盖组件后,回到"添加组件"对话框,在"要放置的部件"中打开组件"风扇叶片.prt"。设置"装配位置"为"对齐",并在图形窗口任意位置单击 MB1,如图 3-40 所示。"放置"选择"约束"项,选择"约束类型"中的"接触对齐",在"要约束的几何体"栏,"方位"选择"接触",在主窗口中依次选择图 3-40 所示的两个面。继续选择"自动判断中心/轴",选择图 3-41 所示的两个圆柱面,单击"应用"按钮,完成风扇叶片组件的添加。

图 3-40　添加风扇叶片组件-接触约束

添加风扇叶片组件后,回到"添加组件"对话框,在"要放置的部件"中打开组件"风扇座.prt",设置"装配位置"为"对齐",并在图形窗口任意位置单击 MB1。"放置"选择"约束"项,选择"约束类型"中的"接触对齐",在"要约束的几何体"栏,

图 3-41　添加风扇叶片组件-自动判断中心/轴约束

"方位"选择"接触",在主窗口中依次选择。图 3-42 所示的两个面。选择"约束类型"中的"接触",选择"自动判断中心/轴",在主窗口中依次选择"风扇盖"和"风扇座"组件对应圆孔面,如图 3-43 所示,单击确定,完成风扇底座组件的添加。

图 3-42　添加风扇座组件-接触约束

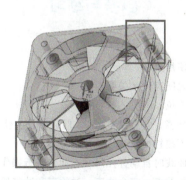

图 3-43　添加风扇座组件-自动判断中心/轴约束

经上述过程得到的装配效果如图 3-44 所示。

图 3-44　计算机散热风扇装配效果

项 目 小 结

通过计算机散热风扇项目的实践，可以了解草图在参数化设计中的重要性。通过草图部分的学习，读者应该充分建立利用约束进行相关参数化建模的思想。草图操作包含许多重要的 NX 基本操作，通过这些操作训练，读者可以更好地掌握 NX 的基本操作技巧。

复杂草图的处理技巧如下所述。

1) 每个草图应尽可能简单，也可以将一个复杂草图分解为若干简单草图。其目的是便于约束、便于修改。

2) 当草图数量较多时，建议将每一个草图置于单独的层（Layer）里。其目的是便于管理（Layer 21～40）。

3) 对于比较复杂的草图，最好避免构造完所有的曲线再加约束，这会增加全约束的难度。一般的过程为：创建一些主要曲线后立即施加约束，同时修改尺寸至设计值；按设计意图创建其他曲线，但每创建一条或几条曲线，应随之施加约束，同时修改尺寸至设计值。这种创建几条曲线然后施加约束的过程，可减少过约束、约束矛盾等错误。

4) 一般情况下圆角和斜角不在草图里生成，而是用相应的特征来生成。

5) 注意定位参考线的运用。

思考与练习

问答题

1. 什么是草图？什么时候需要使用草图？
2. 草图与基于草图生成的特征之间有什么关联？
3. 草图环境提供了哪两种视图方位？
4. 当你选择草图图标启动草图环境，并直接单击 OK 时，会发生什么？
5. 必须使用完全约束的草图来创建特征吗？
6. 哪一个功能可以在创建草图曲线时自动标注尺寸？如何进行操作？
7. 在草图中，草图可能会存在欠约束、完全约束、过约束和冲突约束，如何识别这些约束状态？
8. 草图环境中，有哪些工具可以建立草图与外部对象的关联？
9. 草图自由度箭头有什么作用？

10. 激活一个已经存在的草图有哪些方式？请操作说明。

操作题

1. 完成图 3-45 所示两个草图的绘制，并根据想象，利用拉伸的方法创建三维模型。

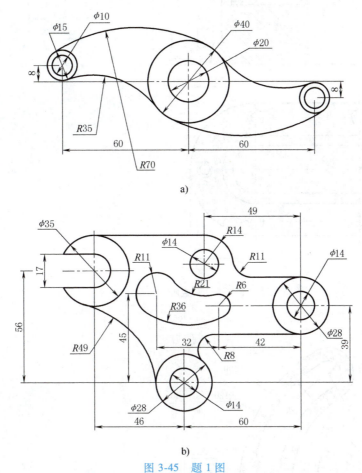

图 3-45 题 1 图

2. 根据要求绘制草图。绘制图 3-46a 所示的草图轮廓。然后完全约束草图，要求当尺寸 35 更改为 52.5 和 15 时，草图更新为图 3-46b 和图 3-46c。

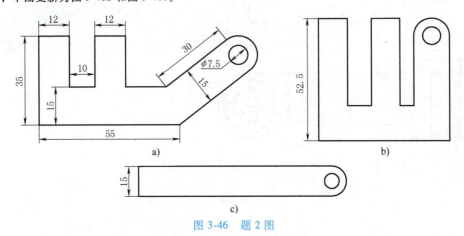

图 3-46 题 2 图

3. 完成图 3-47 所示四个零件的建模。

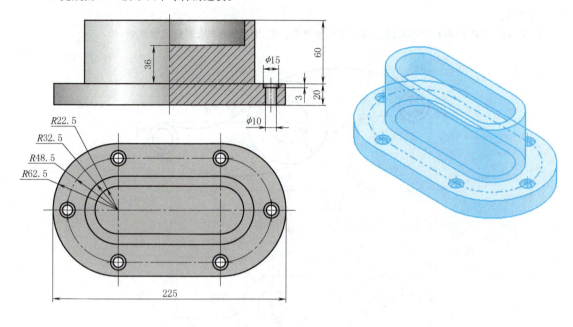

a) 底座

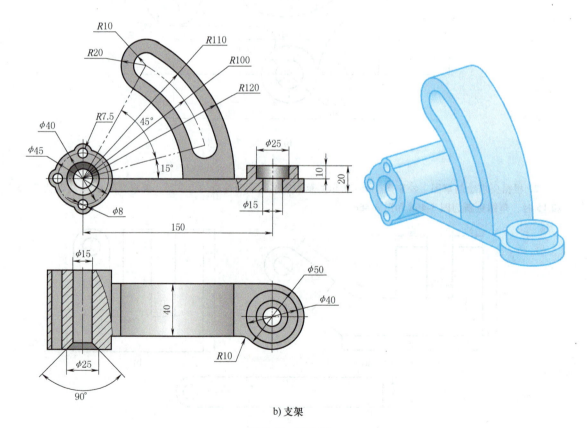

b) 支架

图 3-47 题 3 图

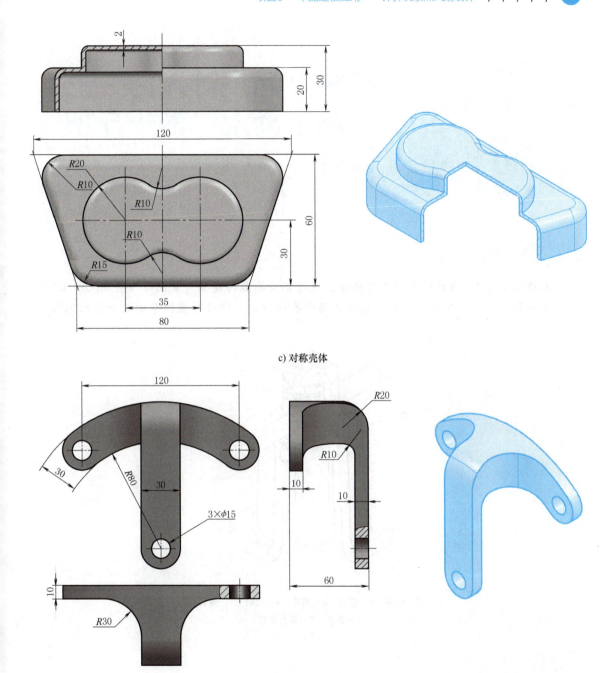

c) 对称壳体

d) 连杆

图 3-47 题 3 图（续）

项目 4　机械产品设计入门——"自下而上"的千斤顶设计

【项目介绍】

本项目以图 4-1 所示的千斤顶为载体，通过完成其零件建模、装配等任务对 UG NX 的特征建模系统做一个全面的概述，包括建模的基础知识、常用建模指令以及模型的编辑方法等。

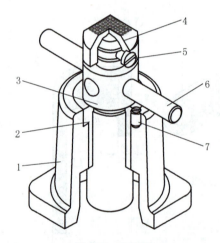

图 4-1　千斤顶

1—底座　2—螺套　3—螺杆　4—顶垫　5—螺钉
6—横杆　7—沉头螺钉

【项目目标】

全面了解 UG NX 的特征建模系统；熟悉常用建模指令的基本用法；掌握使用部件导航器进行模型编辑的方法；学习实体建模的思路。

【项目相关知识点】

□ 特征建模系统概述和常用特征建模的命令介绍。
□ 部件的管理与编辑工具——部件导航器。
□ 实体建模的思路与一般过程。

任务 4.1　熟悉 UG NX 软件产品设计的一般过程

在全面了解 UG NX 的主要建模功能之后,需要了解实体建模的一般过程,如图 4-2 所示。零件的建模一般可以分成四个阶段。

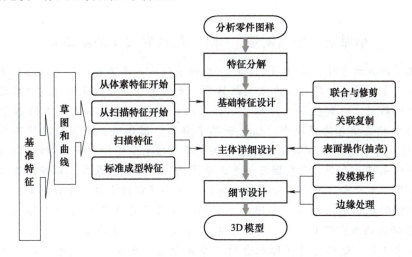

图 4-2　实体建模的一般过程

1. 分析零件图样,零件特征分解阶段

分析零件的形状特点,然后把它分成几个主要的特征区域。接着对每个区域进行粗线条分解("去精留粗"),直到形成一个总体的建模思路以及一个粗略的特征图,同时要辨别出难点和容易出问题的地方。

在对特征进行排序时,应该注意以下一些基本原则。

1) 先粗后细:先作粗略的形状,再逐步细化。
2) 先大后小:先作大尺寸形状,再完成局部的细节。
3) 先外后里:先作外表面形状,再细化内部形状。

2. 零件基础特征(或称为"根特征")设计阶段

作出零件的毛坯形状。一般可以通过两种方法进行构造。

1) 由草图/曲线扫描生成(拉伸、旋转等)。
2) 使用体素特征(构造简单的形体)。

3. 零件主体的详细设计阶段

在基础实体上添加/移除材料,这是建模的核心阶段。一般通过以下方法实现:扫描特征、标准成型特征、关联复制操作以及其他一些必要的特征操作,如抽壳、修剪、联合体等。

在主体特征的设计阶段,有以下一些建议。

1) 建立模型的关键结构,如主要轮廓、关键定位孔等。确定关键结构对于建模过程有重要作用。
2) 如果一个结构不能直接用三维特征完成,则需要找到结构的某个二维轮廓,然后用拉伸或旋转扫描的方法,或者自由形状特征去建立模型。
3) 用实体建模,曲面可作为辅助体来修剪实体(Trim Body)。

4）先对确定的设计部分造型，不确定的部分放在造型的后期。

5）设计基准（Datum）通常决定设计思路，好的设计基准将会简化造型过程并方便后期设计的修改。通常，大部分的造型过程都是从设计基准开始的。

4. 零件的细节设计阶段

利用特征操作功能进行零件的细节设计，主要包括倒圆角、倒斜角、拔模等操作。

小课堂：中国制造，"顶"起世界安全的新篇章

千斤顶设计多种多样，广泛用于厂矿、交通等领域，具体可以使用在各种大小型车辆装备的起重、支撑等工作场合。在重型机械中，我国很多企业的设计制造技术已经在部分领域进入全球前列。例如使用千斤顶技术、泵送技术等一系列高新技术的高空泵车就在2011年的日本福岛核电站事故中，让全世界了解了中国制造、中国技术的高水准。2011年3月11日，日本遭遇9.0级超强地震，福岛第一核电站随即发生爆炸和核泄漏，同年，日本政府委托东京电力公司向我国三一重工集团购买一架超长泵车，以应对4号核反应机组超长距离的注水冷却。我们立即安排了海运，并免费捐赠了这台100万美元的设备。这台设备可以提供62m左右的作业范围，远超日本普通高空泵车14m的工作范围，完全满足4号机组46m的高空作业要求。同时，根据最新报道，11年过去了，这台"长颈鹿"泵车还在正常工作。这标志着国际社会对"中国制造"的又一次认可，是"品质改变世界"的典型案例。

任务4.2　千斤顶建模

任务分析

本节将以千斤顶（见图4-1）的部分零件建模任务作为主线，介绍使用UG NX 12.0进行零件设计的一般方法和常用实体建模命令的使用技巧。

设计任务如图4-3所示，千斤顶包括螺杆、底座、横杆、顶垫、沉头螺钉、螺套、螺钉7个零件。

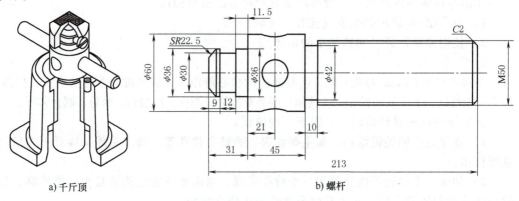

a）千斤顶　　　　　　　　　　　　　b）螺杆

图4-3　千斤顶及其零件图

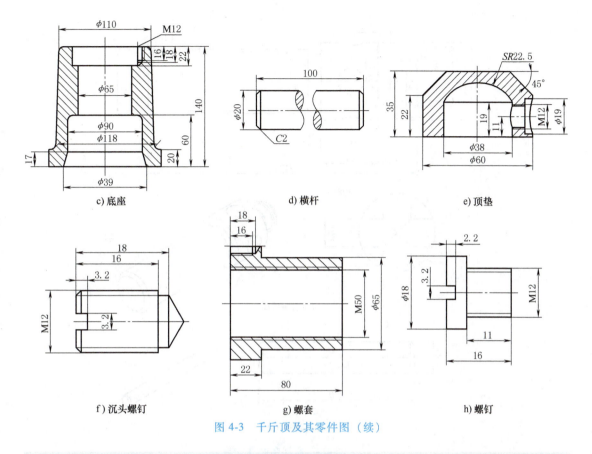

图 4-3　千斤顶及其零件图（续）

4.2.1　轴类零件——千斤顶横杆、螺杆设计

任务分析

本例包括两个轴类零件，一个较为简单、一个稍微复杂，如图 4-4 所示。本节以复杂的螺杆零件建模为讲解案例，横杆案例为课后练习。在本案例中可以考虑使用旋转特征创建基础实体。在创建草图时，应该仔细分析绘制哪些曲线。一般要求草图包括零件的主体部分，诸如倒角、圆角等一般不作在草图中，这样可以简化草图，提高效率。这些细节特征在后续操作中完成。图 4-5 给出了本任务的一种建模思路。

螺杆

1. 启动 UG NX 12.0 并新建一个部件

启动 UG NX 12.0 软件。在 D 盘根目录下新建"千斤顶"文件夹，单击"新建"按钮 或者选择【菜单】/【文件】/【新建】命令，弹出"新建"对话框，"单位"选择"毫米"，输入"名称"为"螺杆.prt"，"文件夹"设为"D：\ UG12-working \ 千斤顶 \"，单击"确定"按钮，如图 4-6 所示。

2. 完成主体建模

1）单击"旋转"按钮，弹出"旋转"对话框，选取 YOZ 平面作为草图绘制平面，如图 4-7 所示。

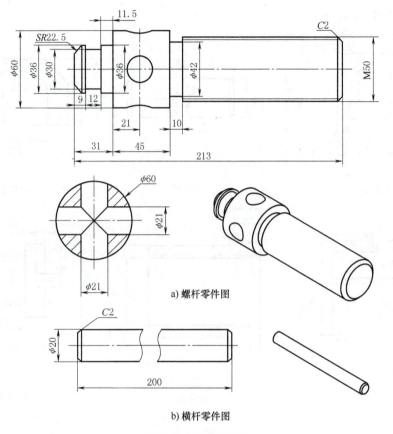

a) 螺杆零件图

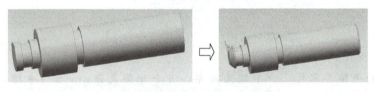

b) 横杆零件图

图 4-4 螺杆和横杆

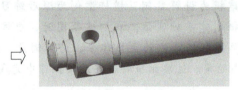

图 4-5 建模思路

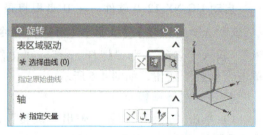

图 4-6 新建部件　　　　图 4-7 "旋转"对话框

2）完成图 4-8 所示草图，单击"轮廓"按钮，选择原点作为起始点，完成草图绘制，并标注尺寸。

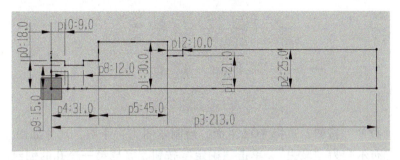

图 4-8　草图绘制

3）单击"完成"按钮，选择中间轴线作为旋转轴，如图 4-9 所示，得到的实体如图 4-10 所示。

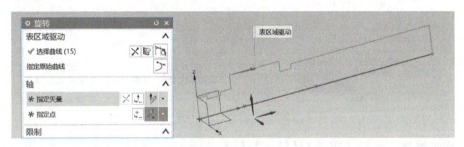

图 4-9　选择旋转轴

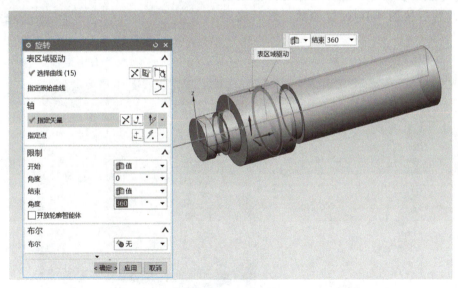

图 4-10　旋转实体

3. 完成局部修剪

1）单击"倒斜角"按钮，选择零件的两个端部，分别倒斜角 7.25 和 2，如图 4-11 所示。

 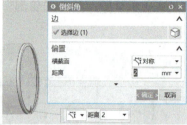

图 4-11　倒斜角

2）单击"拉伸"按钮，选择 YOZ 平面，绘制草图为一个圆，尺寸如图 4-12 所示。采用对称拉伸，"布尔"为"减去"，单击"确定"按钮，完成第一个孔的创建。用同样的方法在另一侧也创建一个孔，结果如图 4-13 所示。

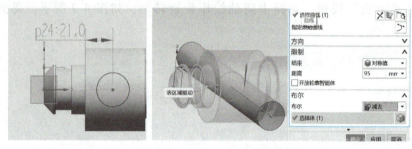

图 4-12　拉伸生成第一个孔

3）螺纹修饰。选择【菜单】/【插入】/【设计特征】/【螺纹】命令，选择要添加外螺纹的圆柱面，然后按图 4-14 设置参数，最后确定即可。

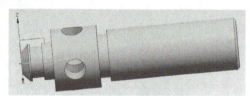

图 4-13　拉伸生成第二个孔

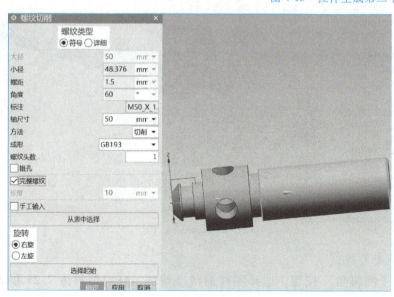

图 4-14　添加螺纹

4.2.2 千斤顶底座设计

任务分析

底座

本例为底座零件建模,如图4-15所示,建议首先采用拉伸的方法构建主体,然后采用【旋转】命令构建内部的孔特征,最后完成倒圆角、打孔等细化工作,如图4-16所示。

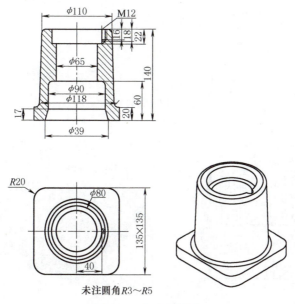

图4-15 底座零件图

图4-16 建模思路

1. 启动 UG NX 12.0 并新建一个部件

启动 UG NX 12.0 软件。在 D 盘根目录下新建"千斤顶"文件夹,单击"新建"按钮 或者选择【菜单】/【文件】/【新建】命令,弹出"新建"对话框,"单位"选择"毫米",输入"名称"为"底座.prt","文件夹"设为"D:\UG12-working\千斤顶",单击"确定"按钮,如图4-17所示。

2. 完成主体建模

1)单击"拉伸"按钮,创建第一部分底盘,选取 XOY 平面作为草图绘制平面。拉伸尺寸如图4-18所示。完成边倒角。单击"旋转"按钮,完成图4-19所示圆台草图并旋转成实体,完成倒圆角。

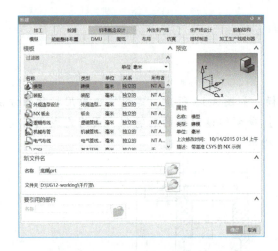

图 4-17　新建文件

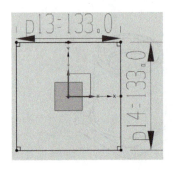
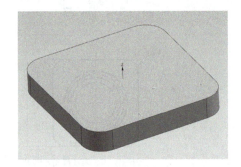

图 4-18　拉伸

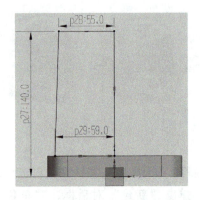
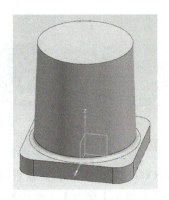

图 4-19　完成圆台造型

2）单击"旋转"按钮，完成内部空心孔的部分设计。草图尺寸如图 4-20 所示，选择 Z 轴作为旋转轴，完成 360°旋转，"布尔"为"减去"。

3）单击"打孔"按钮 ，完成 M12 的孔特征设计，如图 4-21 所示，选择大孔的右边缘极点处为螺纹孔的顶点。参数设置如图 4-21 所示。

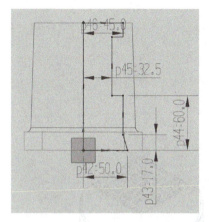 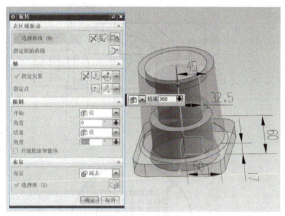

图 4-20 旋转创建孔

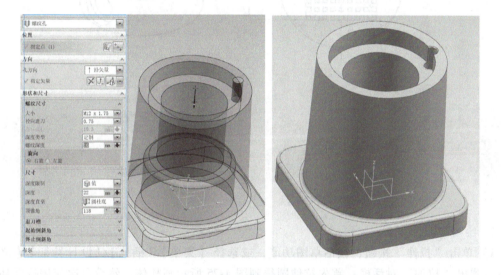

图 4-21 创建 M12 的螺纹孔

4.2.3 千斤顶顶垫设计

任务分析

本例为顶垫零件设计，如图 4-22 所示，建议首先采用拉伸的方法构建主体，然后采用拉伸去材料来构建平台，接着采用阵列来构建顶部方块阵列，最后进行倒圆角、打螺纹孔等细化工作。

图 4-23 所示为顶垫建模思路。

1. 创建顶垫文件

单击"新建"按钮或者选择【菜单】/【文件】/【新建】命令，弹出"新建"对话框，"单位"选择"毫米"，输入"名称"为"顶垫.prt"，"文件夹"设为"D：\ UG 12-working \ 千斤顶 \ "，单击"确定"按钮，如图 4-24 所示。

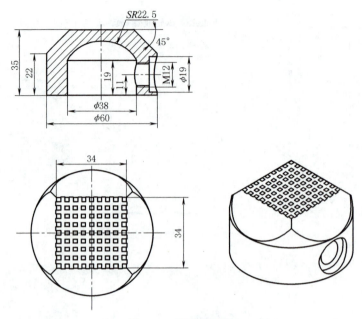

图 4-22　顶垫零件图

图 4-23　顶垫的建模思路

2. 绘制草图拉伸及去材料

1）单击"拉伸"按钮，激活草图功能，或选择【菜单】/【插入】/【设计特征】/【拉伸】命令，弹出"拉伸"对话框。首先拉伸圆得到图 4-25 所示圆柱体，然后再次使用拉伸功能，单击"绘制截面"按钮，弹出"创建草图"对话框，单击"确定"按钮，接受软件默认设置，进入草图绘制环境，绘制图 4-26 所示拉伸草图，并完成去材料的操作，最后得到图 4-27a 所示的结果。

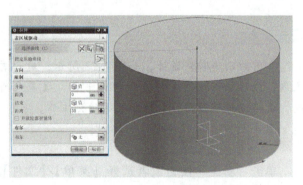

图 4-24　创建文件　　　　　　　图 4-25　拉伸创建零件主体

项目4　机械产品设计入门——"自下而上"的千斤顶设计

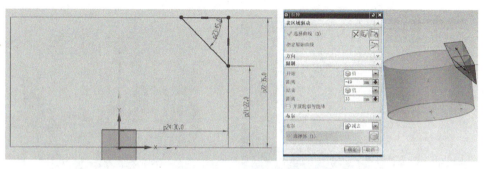

图 4-26　创建草图并拉伸去材料

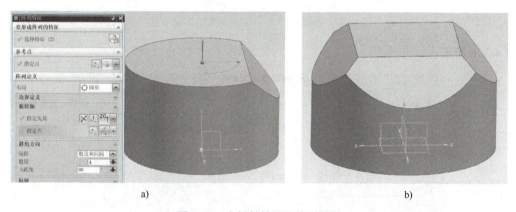

图 4-27　去材料结果及阵列结果

2）启动阵列特征功能，选取圆形阵列布局，以 ZC 为旋转轴，顶部圆心为旋转指定点，选取上一步的特征，完成间隔 90°的四个特征阵列，得到图 4-27b 所示的实体。

3. 阵列完成顶部多个小方台的设计

1）在顶垫零件顶面，完成 2mm×2mm 小平台的草图绘制，如图 4-28a 所示，以高度 1mm 进行拉伸，结果如图 4-28b 所示。

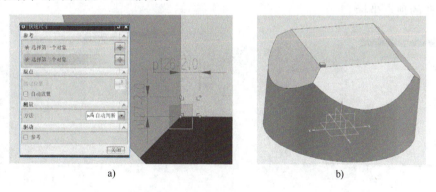

图 4-28　拉伸完成顶部小方台设计

2）启动阵列特征功能，选取线形阵列布局，以 X 和 Y 为布局方向，参数设置如图 4-29a 所示，完成 9×9 个间隔 4mm 的特征阵列，得到图 4-29b 所示的实体。

4. 完成去材料打孔等步骤

1）选择 YOZ 平面，绘制图 4-30a 所示草图，创建旋转特征，去除中间孔部分的材料，

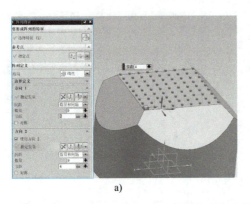
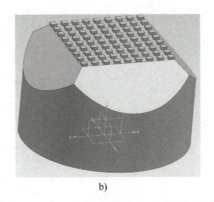

图 4-29　选择拉伸命令完成顶部小方台设计

如图 4-30b 所示。

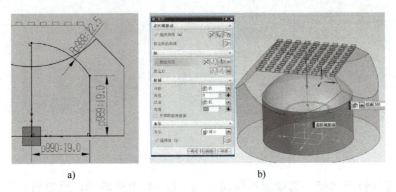

图 4-30　旋转草图完成中间的孔特征

2）侧面打沉头孔，如图 4-31a 所示，选择侧面点（0，30，11）作为螺纹孔的顶点，参数如图 4-31b 所示，单击"确定"按钮，完成沉头孔的创建。大家可以根据自己的设计坐标判断沉头孔的顶点坐标。

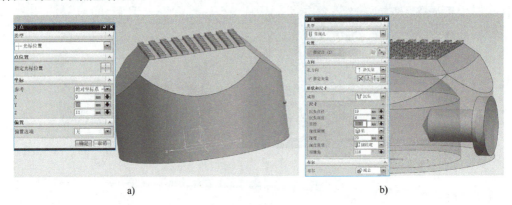

图 4-31　侧面打沉头孔

3）选择【菜单】/【插入】/【设计特征】/【螺纹】命令，选择内螺纹面，完成螺纹 M12 的绘制，参数设置如图 4-32a 所示，最后结果如图 4-32b 所示。

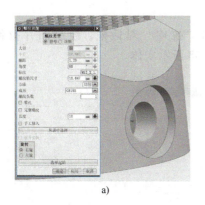
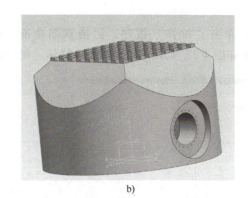

a)   b)

图 4-32 绘制螺纹

4.2.4 千斤顶螺套设计

任务分析

本例设计螺套零件，如图 4-33 所示，建议首先采用拉伸的方法构建主体，然后去除材料，构建顶部孔，最后设计螺纹。

螺套

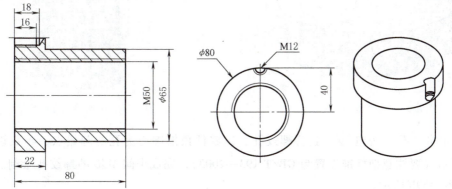

图 4-33 螺套零件图

图 4-34 所示为螺套的建模思路。

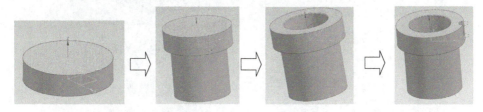

图 4-34 螺套的建模思路

1. 创建螺套文件

创建文件：单击"新建"按钮或者选择【菜单】/【文件】/【新建】按钮，弹出"新建"对话框，"单位"选择"毫米"，输入"名称"为"螺套.prt"，"文件夹"设为"D：\ UG 12-working \ 千斤顶 \ "，单击"确定"按钮，如图 4-35 所示。

2. 拉伸及去材料

1）单击"拉伸"按钮，激活草图功能，弹出"拉伸"对话框，绘制圆并拉伸，如图4-36和图4-37所示。再绘制圆并拉伸，得到图4-38所示实体。

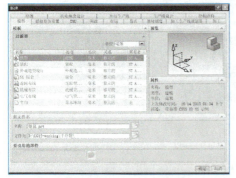

图4-35　创建文件

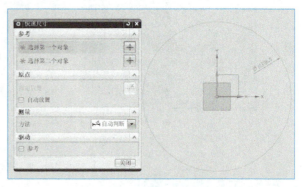

图4-36　拉伸草图尺寸

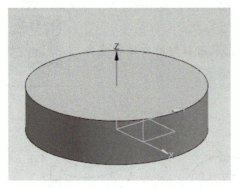

图4-37　拉伸得到顶部实体

图4-38　拉伸得到底部实体

2）单击"孔"按钮，选择螺纹孔，以零件顶部圆心为孔的起始点，参数设置如图4-39a所示（要注意把标准设置为GB/T 193—2003），完成中间M50的螺纹孔绘制。最后的结果如图4-39b所示。

a)

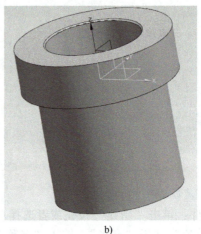

b)

图4-39　完成中间螺纹孔绘制

3. 顶部侧边螺纹孔的绘制

在顶垫零件顶面，完成 M12 的螺纹孔绘制，图 4-40a 所示为参数设定。结果如图 4-40b 所示。

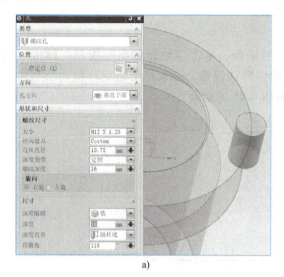 

图 4-40　顶部侧边螺纹孔绘制

4.2.5　千斤顶螺钉设计

任务分析

本例为螺钉建模，如图 4-41 所示，建议首先采用旋转的方法构建主体，然后采用拉伸去材料来构建内部空心孔，最后进行倒圆角、打螺纹孔等细化工作。

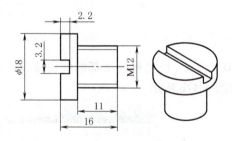

图 4-41　螺钉零件图

图 4-42 所示为螺钉建模思路。

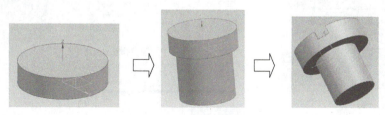

图 4-42　螺钉的建模思路

1. 创建螺钉文件

单击"新建"按钮，或者选择【菜单】/【文件】/【新建】命令，弹出"新建"对话框，"单位"选择"毫米"，输入"名称"为"螺钉.prt"，"文件夹"设为"D：\ UG 12-working \ 千斤顶"，单击"确定"按钮，如图 4-43 所示。

2. 拉伸及去材料

1）单击"拉伸"按钮，弹出"拉伸"对话框，单击"绘制截面"按钮，弹出"创建草图"对话框，单击"确定"按钮，接受软件默认设置，进入草图绘制环境。绘制图 4-44 所示的拉伸草图，并完成拉伸的操作，得到图 4-45 的结果。

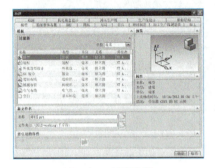

图 4-43 创建文件

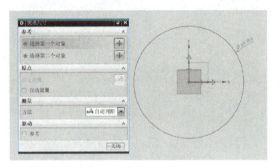

图 4-44 拉伸草图尺寸

2）参考零件图，绘制草图，再次进行拉伸操作，得到图 4-46 的结果。

图 4-45 拉伸得到顶部实体

图 4-46 拉伸得到底部实体

3）再次拉伸，选择 YOZ 平面，绘制螺钉顶部的凹槽截面，尺寸为 3.2mm×2.2mm，如图 4-47a 所示，拉伸结果如图 4-47b 所示。

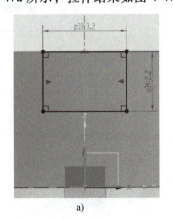

a)

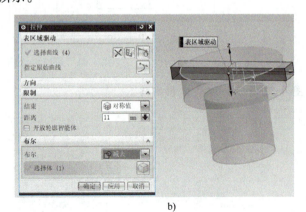

b)

图 4-47 完成中间凹槽设计

3. 完成底部螺纹的绘制

在螺钉零件底部圆柱面完成 M12 的螺纹绘制，图 4-48 所示为参数设定。

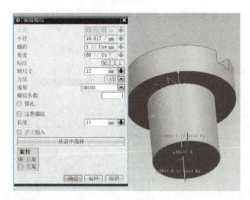

图 4-48　完成螺纹设计

任务 4.3　千斤顶装配

1. 基于"装配"模板新建一个装配部件

单击"新建"按钮，或者选择【菜单】/【文件】/【新建】命令，在弹出的"新建"对话框中选择"装配"模板，输入文件名"千斤顶_asm.prt"，保存的文件夹建议与零件相同，单击"确定"按钮完成装配部件的建立，如图 4-49 所示。

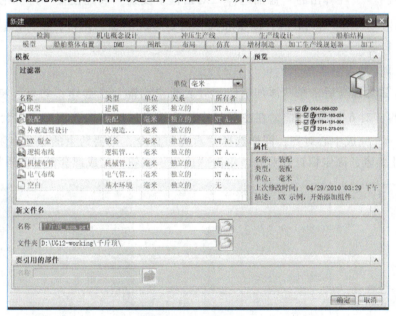

千斤顶装配

图 4-49　创建装配体文件

2. 装配千斤顶第一个组件——底座

装配体文件创建之后软件弹出"添加组件"对话框，如图 4-50 所示，在"已加载的部件"栏单击"打开"按钮，浏览和选择需要装配的底座组件，确定后返回"添加组件"

对话框，底座组件出现在装配体文件中，如图 4-51 所示，设置"装配位置"为"绝对坐标系-工作部件"，单击"确定"按钮，弹出"固定约束"对话框，选择"是"，软件自动创建添加在底座上的固定约束（装配时第一个组件一般都添加固定约束），完成第一个组件的装配。

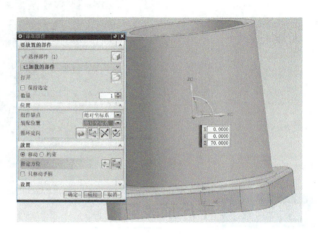

图 4-50 "添加组件"对话框　　　　　　　图 4-51 浏览组件对话框

3. 载入螺套组件

选择【菜单】/【装配】/【组件】/【添加组件】命令，或者单击"主页"选项卡下的"添加组件"按钮，在弹出的"添加组件"对话框中设置"装配位置"为"绝对坐标系-工作部件"，单击"打开"按钮，浏览和选择需要装配的螺套组件，组件已经可以在窗口中预览到。

4. 添加底座和螺套的组件约束

单击 OK 添加螺套后，在"添加组件"对话框"放置"栏选择"约束"项，选择"约束类型"中的"对齐"命令，在主窗口中依次选择底座的内孔面 1 和螺套的外表面 2，如图 4-52 所示，完成中心对齐；同样选择"对齐"命令，把要约束的螺套台阶面和底座台阶面对齐并让两者的固定螺钉孔对齐。单击"确定"按钮，完成螺套模型的添加。

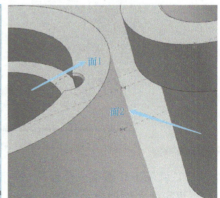

图 4-52 添加螺套的约束

5. 载入沉头螺钉组件

选择【菜单】/【装配】/【组件】/【添加组件】命令，或者单击"主页"选项卡下的"添加组件"按钮，在弹出的"添加组件"对话框中设置"装配位置"为"绝对坐标系-工作部件"，单击"打开"按钮，浏览和选择需要装配的沉头螺钉组件，组件已经可以在窗口中预览到。

6. 添加沉头螺钉和螺套的组件约束

单击 OK 添加螺套后，在"添加组件"对话框"放置"栏选择"约束"项，选择"约束类型"中的"对齐"命令，在主窗口中依次选择底座的内孔面和沉头螺钉的外表面完成中心对齐；同样选择"对齐"命令，把要约束的沉头螺钉顶面 1 和底座台阶面 2 对齐，如图 4-53 所示。单击"确定"按钮，完成沉头螺钉的添加。

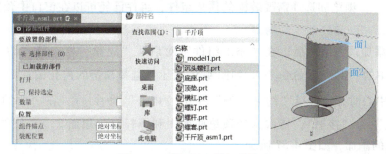

图 4-53 添加沉头螺钉的约束

7. 载入螺杆组件

选择【菜单】/【装配】/【组件】/【添加组件】命令，或者单击"主页"选项卡下的"添加组件"按钮，在弹出的"添加组件"对话框中设置"装配位置"为"绝对坐标系-工作部件"，单击"打开"按钮，浏览和选择需要装配的螺杆组件，组件已经可以在窗口中预览到。

8. 添加螺套和螺杆的组件约束

单击 OK 添加螺杆组件后，在"添加组件"对话框"放置"栏选择"约束"项，选择"约束类型"中的"对齐"命令，如图 4-54 所示，选择螺套的内孔圆柱面 1 和螺杆的外表面 2，完成中心对齐；选择"约束类型"中的"中心"命令，在"要约束的几何体"

  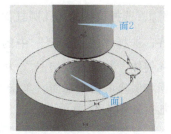

图 4-54 添加螺杆的约束

栏选择"方位"为"接触",依次选择螺杆底面和螺套的顶面,单击"确定"按钮,完成螺杆模型的添加,如图4-55所示。

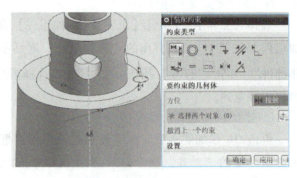

9. 载入顶垫组件

选择【菜单】/【装配】/【组件】/【添加组件】命令,或者单击"主页"选项卡下的"添加组件"按钮,在弹出的"添加组件"对话框中设置"装配位置"为"绝对坐标系-工作部件",单击

图4-55 完成螺杆的约束

"打开"按钮,浏览和选择需要装配的顶垫组件,组件已经可以在窗口中预览到。

10. 添加顶垫和螺杆的组件约束

单击OK添加顶垫组件后,在"添加组件"对话框"放置"栏选择"约束"项,选择"约束类型"中的"对齐"命令,如图4-56所示,选择顶垫的内孔圆柱面1和螺杆的外表面2,完成中心对齐;选择"约束类型"中的"中心"命令,在"要约束的几何体"栏选择"方位"为"接触",依次选择顶垫底面1和螺杆台阶顶面2,单击"确定"按钮,完成顶垫模型的添加,如图4-57所示。

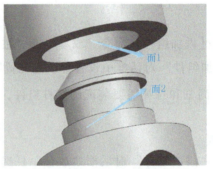
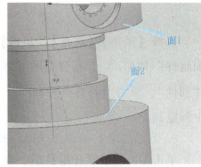

图4-56 添加顶垫的约束

11. 添加横杆组件并完成约束

依照上面的方法添加横杆组件,在"添加组件"对话框"放置"栏选择"约束"项,选择"约束类型"中的"对齐"命令,选择顶垫的内孔圆柱面1和横杆的外表面2,完成中心对齐;选择"约束类型"中的"中心"命令,在"要约束的几何体"栏选择"方位"为"2对2",依次选择横杆的两个端面和底座的两个端面,单击"确定"按钮,完成横杆模型的添加,如图4-58所示。

12. 添加螺钉组件并完成约束

添加螺钉组件后,在"添加组件"对话框"放置"栏选择

图4-57 完成顶垫的约束

 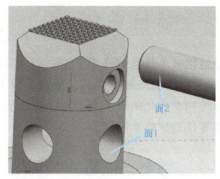 

图 4-58 添加横杆的约束

"约束"项，选择"约束类型"中的"对齐"命令，如图 4-59 所示，依次选择螺钉圆柱面 1 和顶垫螺纹孔内表面 2，完成中心对齐；选择"约束类型"中的"中心"命令，在"要约束的几何体"栏选择"方位"为"接触"，依次选择顶垫螺孔平面 2 和螺钉的台阶面 1，单击"确定"按钮，完成螺钉的添加，如图 4-60 所示。

 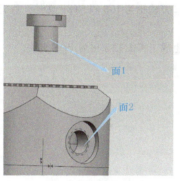 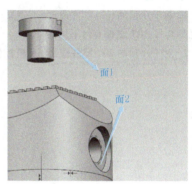

图 4-59 添加顶垫的约束

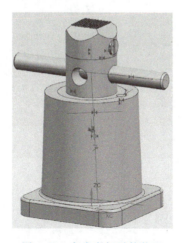

图 4-60 完成全部零件装配

项 目 小 结

本项目通过千斤顶这一典型的机械部件范例介绍了 UG NX 特征建模系统的常用指令和基本工具,这是 UG NX 学习中非常重要的一部分内容。通过了解 UG NX 建模的一般过程,熟悉一些常用的建模指令和熟练使用参数化编辑工具,为后续学习打下良好的基础。学习本项目后,应该能够完成一些简单零件的建模和装配。

思考与练习

问答题

1. 成型特征的定位方法有哪些?分别用于哪些情况?
2. 由曲线(或草图)可以创建哪些主要的特征?
3. UG NX 包括哪些类型的表达式?
4. 可以通过部件导航器进行哪些特征编辑操作?

操作题

1. 将千斤顶的任一零件通过 UG NX 12.0 输出为 IGS 和 STEP 文件,然后再导入到 UG NX 12.0 中,注意观察其与 PRT 文件有何不同之处。
2. 对千斤顶的 7 个零件应用 A4 模板生成工程图并导出为 PDF 文件。

项目 5　机械产品设计进阶——"自上而下"的减速箱设计

【项目介绍】

本项目以图 5-1 所示的减速箱为载体，通过完成减速箱的零件建模、装配等任务，对 UG NX 的特征建模系统做一个全面的概述，包括建模的基础知识、常用建模指令以及模型的编辑方法等。

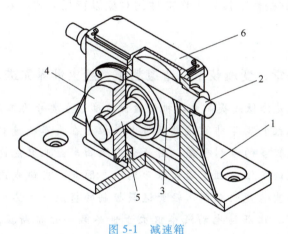

图 5-1　减速箱

1—底座箱　2—蜗杆　3—蜗轮　4—端盖　5—轴　6—箱盖

【项目目标】

全面了解 UG NX 的特征建模系统创建装配部件的基础知识和一般方法；学习复杂实体建模的思路。

【项目相关知识点】

- □ 装配建模的基础知识和基本术语。
- □ 利用装配导航器对装配部件进行有效管理。
- □ 掌握"自上而下"的装配建模方法，学习添加装配约束的各种方法。
- □ 学习利用"自上而下"的装配建模方法进行零件的关联设计。

□ 利用装配部件生成装配爆炸视图。
□ 创建镜像装配、组件阵列和定义可变形组件。

任务 5.1　熟悉 UG NX 软件复杂产品的设计方法

1. 自上而下装配建模

自上而下装配建模是在装配级中建立新的并可以与其他组件相关联的组件模型，在装配部件的顶级向下产生子装配和零件的建模方法。顾名思义，自上而下装配是先在结构树的顶部生成一个装配，然后下移一层，生成子装配和组件，装配中仅包含指向该组件的指针。

2. WAVE 几何连接器

WAVE 几何连接器提供在装配环境中链接和复制其他部件的几何对象到当前工作部件的工具。被链接的几何对象与其父几何体保持关联，当父几何体发生改变时，这些被链接到工作部件的几何对象全随之自动更新。可用于链接的几何类型包括：点、线、草图、基准、面和体。这些被链接到工作部件的对象以特征方式存在，并可用于建立和定位新的特征。

小课堂：变速技术，弯道超车，赶上世界先进水平

减速箱主要目的是降低或提高电动机的输出速度，主要分为工业用减速箱和汽车减速箱。前者在我国已经积累了非常成熟的技术，但是在汽车减速箱领域，我国目前还缺乏进入门槛，存在较多的专利壁垒，国产乘用燃油车企业只能向国外公司购买自动变速箱，但是高科技的 8 级以上变速箱很难购入。因此，当前我国结合新时代发展趋势，发挥新能源汽车重智能化控制、轻变速箱控制的特点，大力发展电动汽车。现阶段新能源汽车领域中，比亚迪电动汽车仅次于世界第一的特斯拉，并且差距并不大。比亚迪汽车并不使用传统的汽车变速箱，而是使用简单的减速齿轮箱，基于我国较为成熟的减速箱技术，实现弯道超车，错位发展，从而避开国外企业的阻拦，实现我国在新能源汽车赛道的赶超。

任务 5.2　减速箱建模

任务分析

本节将以减速箱的部分零件建模任务作为主线，介绍使用 UG NX 12.0 进行零件设计的一般方法和常用复杂实体建模命令的使用技巧。

设计任务如图 5-2 所示，减速箱包括底座箱、蜗轮、蜗杆、端盖、箱盖、轴等多个复杂零件。

项目5 机械产品设计进阶——"自上而下"的减速箱设计

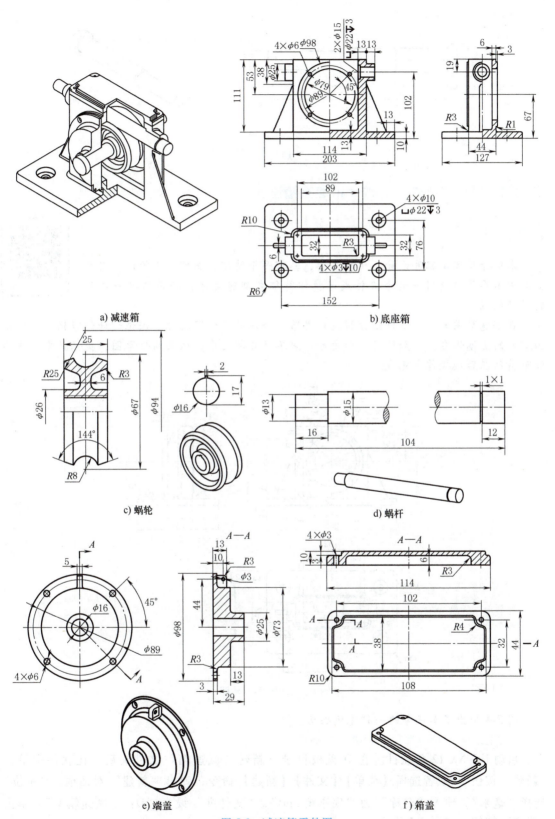

图 5-2 减速箱零件图

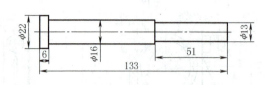
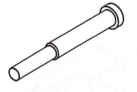

g) 轴

图 5-2 减速箱零件图（续）

5.2.1 箱体类零件——减速箱底座箱设计

任务分析

减速箱箱体

本例为箱体类零件设计，比较复杂，具有多个特征，如图 5-3 所示。在本案例中不再是仅使用一两个旋转或者拉伸特征来创建主体，而是需要一系列的设计过程。

在创建草图时，应该仔细分析设计思路，合理的设计思路可以保证设计的顺畅。草图应为零件的主体部分，诸如倒角、圆角等一般不放在草图中，从而简化草图，提高效率。这些细节特征在后续操作中完成。

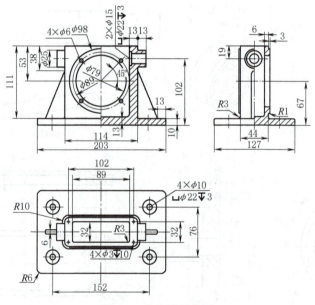

图 5-3 底座箱零件图

图 5-4 给出了本任务的一种建模思路。

1. 启动 UG NX 12.0 并新建一个部件

启动 UG NX 12.0 软件。在 D 盘根目录下新建"减速箱"文件夹后，在软件中单击"新建"按钮 或者选择【菜单】/【文件】/【新建】命令，弹出"新建"对话框，"单位"选择"毫米"，输入"名称"为"底座箱.prt"，"文件夹"设为"D：\减速箱\"，单击"确定"按钮，如图 5-5 所示。

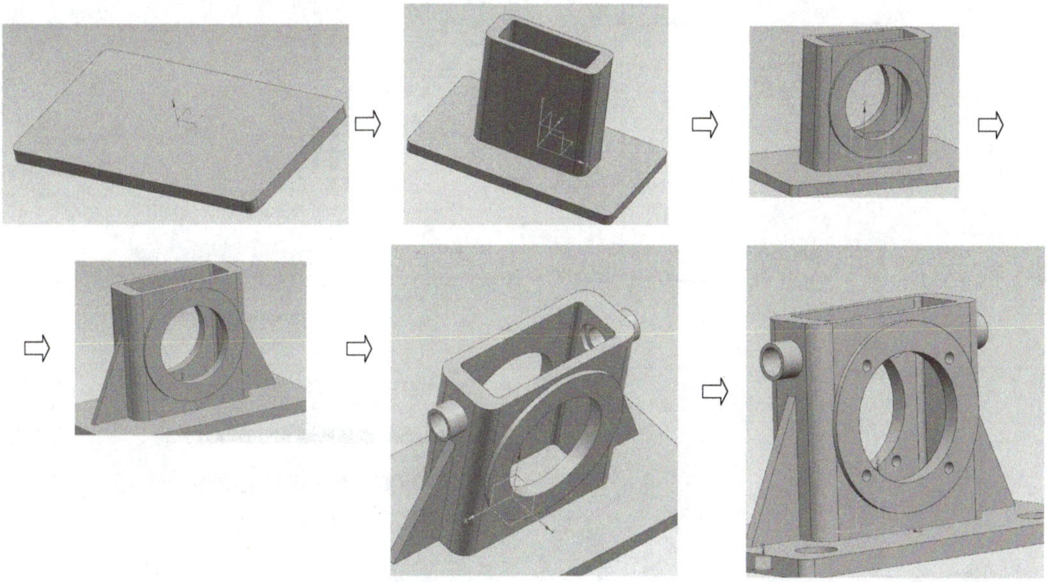

图 5-4 建模思路（先增后减）

2. 完成主体建模

1）单击"拉伸"按钮，弹出"拉伸"对话框，选取 XY 平面作为草图绘制平面，如图 5-6 所示。

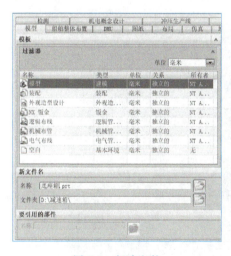

图 5-5 新建文件 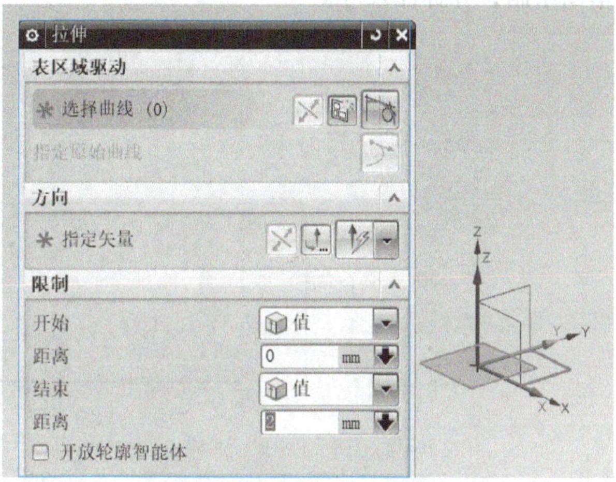　　　　　　　　　图 5-6 "拉伸"对话框

2）绘制图 5-7 所示草图。单击"轮廓"按钮，选择原点作为起始点，完成草图绘制，并标注尺寸。

3）设置拉伸高度为 10，如图 5-8 所示。完成拉伸后对四边倒圆角 R6，如图 5-9 所示。

3. 完成中间箱体设计

1）单击"拉伸"按钮，继续选取 XY 平面（也就是上一个步骤的零件上表面）作为草图绘制平面，如图 5-10 所示。

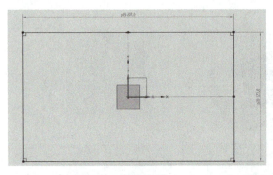
图 5-7 草图绘制（一）
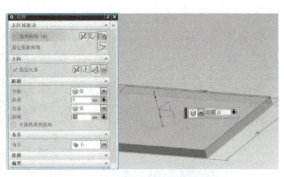
图 5-8 输入拉伸高度（一）

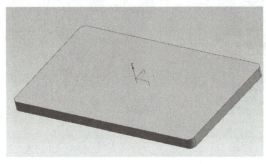
图 5-9 拉伸和倒圆角结果

图 5-10 选择草绘平面

2）完成图 5-11 所示草图。单击"轮廓"按钮，选择原点，作为中心对称点，完成矩形草图绘制，并标注尺寸。

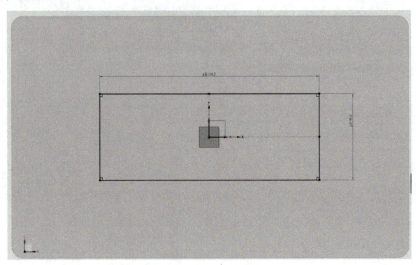
图 5-11 草图绘制（二）

3）设置拉伸高度为 111，拉伸方向向上，"布尔"为"合并"，如图 5-12 所示。完成拉伸后对四边倒圆角 R10，如图 5-13 所示。

4）选择零件顶面，作为草绘平面，绘制图 5-14 所示草图，完成后设置拉伸高度为 108，拉伸方向向下，"布尔"为"减去"，如图 5-15 所示。完成拉伸后对方形内孔四边倒圆角 R3，结果如图 5-16 所示。

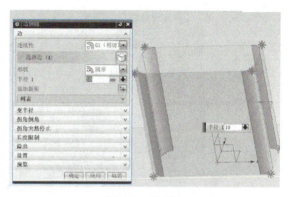

图 5-12 输入拉伸高度（二）　　　　　　图 5-13 倒圆角

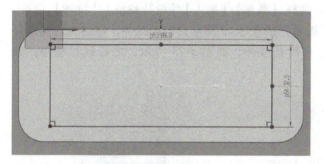

图 5-14 草图绘制（三）

图 5-15 拉伸去材料

5）完成中间外部直径为 98，内部直径为 79 的台阶孔特征绘制。选择【菜单】/【插入】/【设计特征】/【拉伸】命令，选择要添加孔的零件表面，完成直径为 79 的孔拉伸，确定即可，如图 5-17 所示。然后再次选择该表面，继续使用【拉伸】命令，完成直径为 98、厚度为 3 的圆环台阶，并镜像。结果如图 5-18 所示。

6）完成两侧厚度为 6 的加强筋。选择【菜单】/【插入】/【设计特征】/【拉伸】命令，弹出"拉伸"对话框，如图 5-19 所示，选择 XOZ 平面，绘制草图后完成加强筋的拉伸，然后镜像，结果如图 5-20 所示。

图 5-16 去材料结果

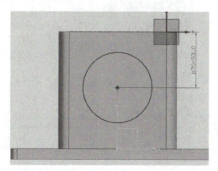
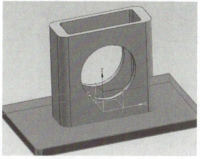

图 5-17 完成中间通孔

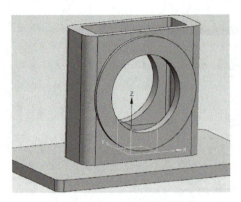
图 5-18 完成圆环台阶并镜像

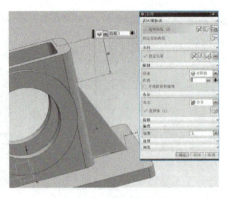
图 5-19 加强筋拉伸

7) 完成两侧直径为 25 的圆形台阶。选择【菜单】/【插入】/【设计特征】/【拉伸】命令，如图 5-21 所示，选择 XOZ 平面，绘制草图后完成直径 13 圆形台阶的拉伸。然后在内侧选择该圆柱体的圆心，如图 5-22 所示，进行台阶孔拉伸，如图 5-23 所示，之后进行镜像，如图 5-24 所示。

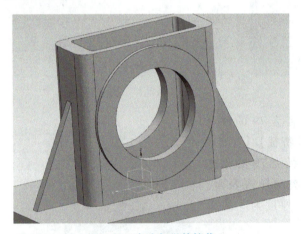
图 5-20 完成加强筋镜像

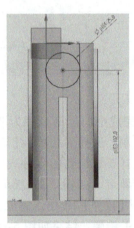
图 5-21 直径 25mm 圆形台阶草图

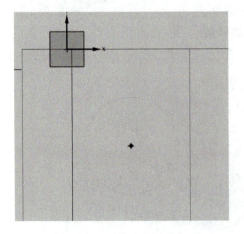
图 5-22 选择台阶孔顶点位置

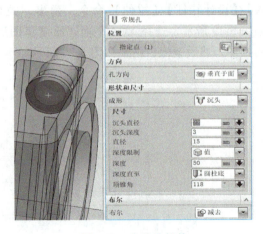
图 5-23 台阶孔拉伸

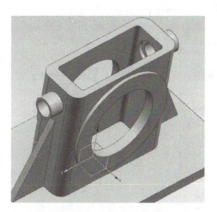

图 5-24　完成圆形台阶镜像

8）完成底面四个直径为 10 的沉头孔，如图 5-25 所示，并完成端面四个孔的拉伸。最后模型结果如图 5-26 所示。

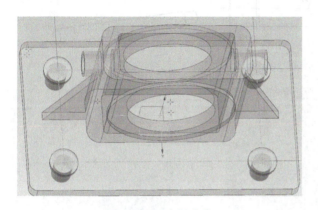

图 5-25　四个沉头孔

图 5-26　最后模型结果

5.2.2　减速箱蜗轮、蜗杆设计

任务分析

图 5-27 所示为蜗轮零件，可以采用旋转特征直接构建整个产品主体，最后再进行倒圆角、切槽等。图 5-28 所示为蜗杆零件，比较简单，作为学生的自主学习内容，本节不再具体讲解。蜗轮建模思路如图 5-29 所示。

蜗轮零件

1. 启动 UG NX 12.0 并新建一个部件

启动 UG NX 12.0 软件。单击"新建"按钮 或者选择【菜单】/【文件】/【新建】命令，弹出"新建"对话框，"单位"选择"毫米"，输入"名称"为"蜗轮.prt"，"文件夹"设为"D:\减速箱\"（预先建好），单击"确定"按钮，如图 5-30 所示。

2. 完成主体建模

1）单击"旋转"按钮，选取 YOZ 平面作为草图绘制平面，草图及其尺寸如图 5-31 所示，旋转参数如图 5-32 所示，完成零件主体的建模。

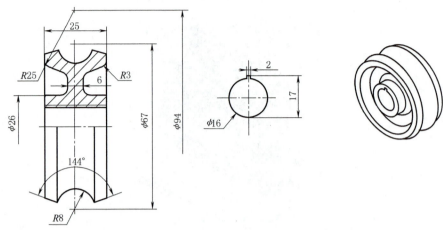

图 5-27　蜗轮零件图

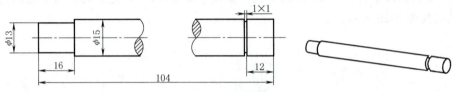

图 5-28　蜗杆零件图

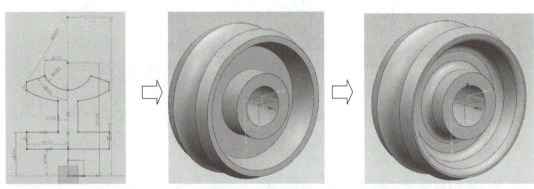

图 5-29　蜗轮建模思路

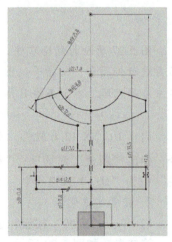

图 5-30　新建文件　　　　　　　　　图 5-31　旋转草图

2）单击"倒圆角"按钮，完成 R3 的圆角，并通过拉伸完成宽度为 1 的蜗杆固定键槽，结果如图 5-33 所示。

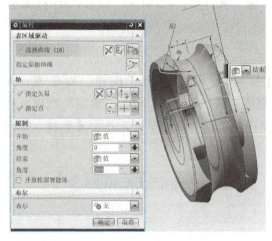

图 5-32　完成零件主体建模

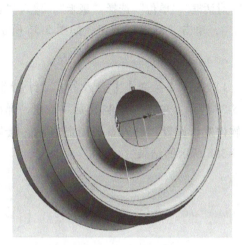

图 5-33　倒圆角和创建键槽

5.2.3　减速箱轴设计

任务分析

减速箱轴

本例为轴类零件，如图 5-34 所示，可采用拉伸及偏置拉伸的方法构建模型，最后倒圆角和斜角。

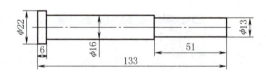

图 5-34　减速箱轴零件图

图 5-35 所示为减速箱轴建模思路。

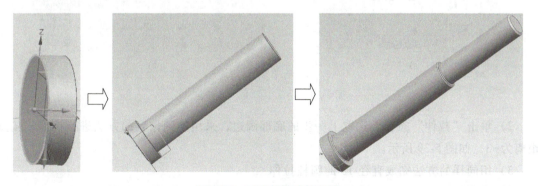

图 5-35　减速箱轴建模思路

1. 创建轴文件

创建文件：单击"新建"按钮，或者选择【菜单】/【文件】/【新建】命令，弹出"新建"对话框，"单位"选择"毫米"，输入"名称"为"轴.prt"，"文件夹"设为"D：\减速箱\"，单击"确定"按钮，如图 5-36 所示。

2. 绘制草图并拉伸

1）选择【菜单】/【插入】/【设计特征】/【拉伸】命令，弹出"拉伸"对话框，如图 5-37 所示。单击"绘制截面"按钮，弹出"创建草图"对话框，单击"确定"按钮，接受软件默认设置，进入草图绘制环境，绘制图 5-38a 所示的拉伸草图，并设置参数，得到图 5-38b 所示的结果。

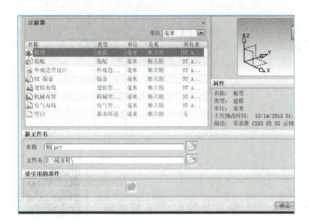

图 5-36 创建文件

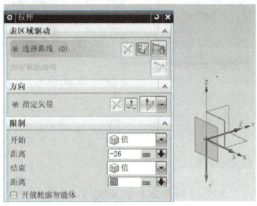

图 5-37 "拉伸"对话框

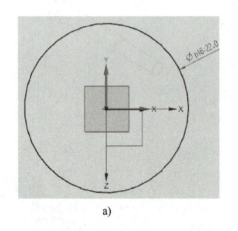

a)

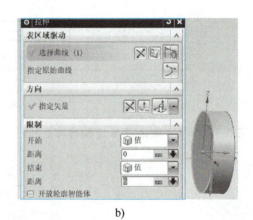

b)

图 5-38 创建草图并完成拉伸

2）单击"拉伸"按钮，选取上一步的底部圆边，采用单侧偏置的方法进行拉伸，偏置距离为-3，如图 5-39 所示。

3）用同样的方法完成直径 13 的圆柱拉伸。

4）选择倒角命令，完成局部设计，尺寸自定。最后零件如图 5-40 所示。

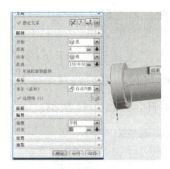  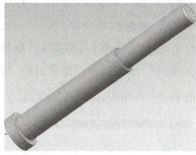

图 5-39　创建草图并完成偏置拉伸　　　　　　　　图 5-40　最后零件

任务 5.3　减速箱装配建模

5.3.1　减速箱装配

1. 基于"装配"模板新建一个装配部件

单击"新建"按钮,或者选择【菜单】/【文件】/【新建】命令,在弹出的"新建"对话框中选择"装配"模板,输入文件名"减速箱_asm1.prt",保存的文件夹建议与零件一致,单击"确定"按钮完成装配部件的建立,如图 5-41 所示。

减速箱装配体

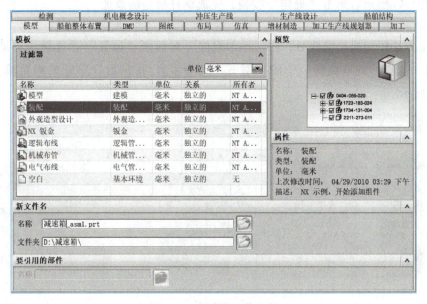

图 5-41　创建装配体文件

2. 装配减速箱第一个组件——底座箱

装配文件创建之后,进入"添加组件"对话框,单击"已加载的部件"中的"打开"按钮 ,浏览和选择底座箱组件,设置"装配位置"为"绝对坐标系-工作部件",单击"确定"按钮,弹出"固定约束"对话框,选择"是",软件自动创建添加在底座箱上的固定约束

（装配时第一个组件一般都添加固定约束），完成第一个组件的装配，如图 5-42 所示。

3. 添加蜗杆组件

选择【菜单】/【装配】/【组件】/【添加组件】命令，或者单击"主页"选项卡下的"添加组件"按钮，在弹出的"添加组件"对话框中设置"装配位置"为"绝对坐标系-工作部件"，单击"打开"按钮，浏览并选择需要装配的蜗杆组件，如图 5-43 所示。

图 5-42 添加底座箱组件   图 5-43 添加蜗杆组件

4. 添加底座箱和蜗杆的约束

单击 OK 添加蜗杆后，在"添加组件"对话框"放置"栏选择"移动"项，单击 按钮，选择"约束类型"中的"同心"命令，在主窗口中依次选择蜗杆的面 1 和底座箱的面 2，如图 5-44 所示。单击"确定"按钮，完成蜗杆模型的添加。

5. 添加蜗轮组件及其约束

按以上方法添加蜗轮组件后，在"添加组件"对话框"放置"栏选择"移动"项，单击 按钮，选择"约束类型"中的"对齐"命令，在主窗口中完成蜗轮模型的添加，如图 5-45 所示。

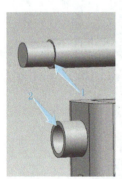
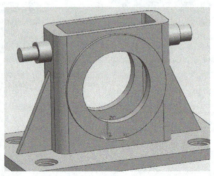

图 5-44 添加蜗杆的约束   图 5-45 完成蜗轮模型的添加

5.3.2 减速箱"自上而下"装配建模——端盖设计

设计意图

端盖零件的设计和装配

在减速箱装配中，根据现有组件及其装配关系，基于"自上而下"的设计理念，完成图 5-46 所示的减速箱端盖零件的设计。

学习目标

📖 学习如何通过"自上而下"的装配建模方法在装配中创建新组件。

📖 学习如何使用 WAVE 几何连接器从装配组件中关联复制几何对象。

任务分析

零件图如图 5-46 所示，为一圆盘形端盖类零件，借鉴前面章节的知识点，建议采用旋转命令完成主体，然后再进行倒圆角、打孔等操作。

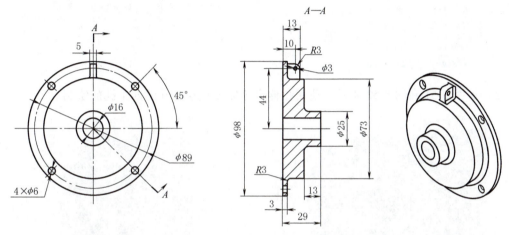

图 5-46　圆形端盖零件尺寸图

1）单击"新建组件"按钮 ，在弹出的"新建"对话框中输入文件名"端盖.prt"，保存在装配体文件所在的文件夹中，单击"确定"按钮完成组件的建立，如图 5-47 所示。

2）双击装配导航器中的"端盖"项，单击 WAVE 几何链接器按钮 ，类型为面，如图 5-48 所示。选择减速箱外表面为装配平面，选择 YOZ 平面作为旋转特征的草绘平面，绘制图 5-49 所示的草图，选择圆孔的中间轴作为旋转轴，完成零件主体设计，如图 5-50 所示。

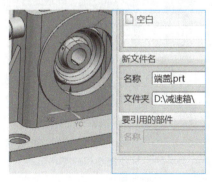

图 5-47　创建端盖文件

图 5-48　创建旋转主体草图

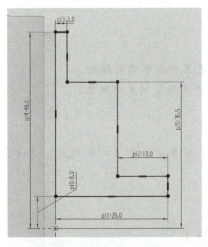 

图 5-49　旋转特征的草图设计　　　　　图 5-50　旋转后的零件主体

3）如图 5-51 和图 5-52 所示，使用拉伸命令完成直径为 6 的四个孔的绘制。

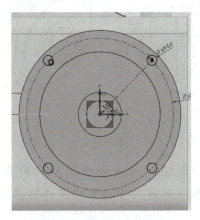 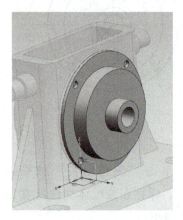

图 5-51　拉伸孔的草图设计　　　　　图 5-52　拉伸孔后的零件主体

4）拉伸完成顶部的挂耳设计。草图如图 5-53 所示，拉伸完成后如图 5-54 所示。

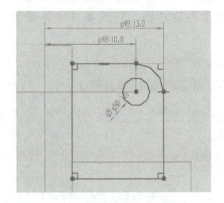 

图 5-53　拉伸挂耳的草图设计　　　　　图 5-54　拉伸挂耳后的零件主体

5）选择【倒圆角】命令，完成细节设计。

5.3.3 减速箱"自上而下"装配建模——箱盖设计

设计意图

在减速箱装配中,根据现有组件及其装配关系,基于"自上而下"的设计理念,完成图 5-55 所示的减速箱箱盖零件设计。

箱盖设计

学习目标

- 学习如何通过"自上而下"的装配建模方法在装配中创建新组件。
- 学习如何使用 WAVE 几何连接器从装配组件中关联复制几何对象。

任务分析

零件图如图 5-55 所示,为一方形箱盖类零件,借鉴前面章节的知识点,可以采用拉伸命令完成主体,然后进行倒圆角、打孔等操作。

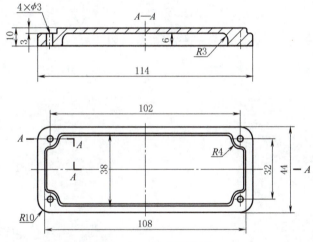

图 5-55 箱盖零件图

1)单击"新建组件"按钮 ,在弹出的"新建"对话框中输入文件名"箱盖.prt",保存在装配体文件所在的文件夹中,单击"确定"按钮,完成新组件的建立,如图 5-56 所示。

2)双击装配导航器内的"箱盖"项,单击 WAVE 几何链接器 ,类型为面,如图 5-57 所示,选择减速箱外表面为装配平面,选择箱体顶面作为拉伸特征的草绘平面,绘制图 5-58 所示的草图,向上拉伸 7,再在完成的拉伸特征上表面,进行图 5-59 所示的草图设计,完成后零件主体如图 5-60 所示。

3)使用打孔功能,完成直径为 3 的四个孔的绘制,结果如图 5-61 所示。

4)拉伸完成箱盖底部的腔体设计。如图 5-62 所示,选择装配体腔体内壁边线为拉伸草图。拉伸完成后进行拔模设计,拔模角度为 3°,如图 5-63 所示。

5)选择【倒圆角】命令,进行细节设计,完成整个装配体的设计,如图 5-64 所示。

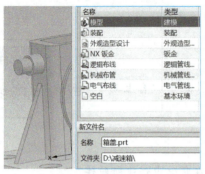

图 5-56　创建箱盖文件

图 5-57　创建拉伸主体草图

图 5-58　主体拉伸的草图设计

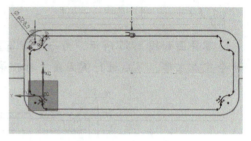

图 5-59　二次拉伸的草图设计

图 5-60　拉伸后的零件主体

图 5-61　打孔后的零件主体

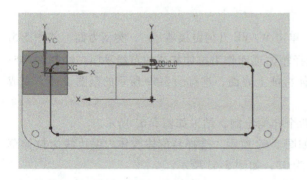

图 5-62　腔体拉伸的草图设计

图 5-63　拔模参数

图 5-64 减速箱装配体整体设计

项 目 小 结

本项目通过减速箱这一典型的机械部件介绍了 NX 特征建模系统的常用指令和基本工具，这是 NX 学习中非常重要的一部分内容。通过了解 NX 建模的一般过程，熟悉一些常用的建模指令和熟练使用参数化编辑工具，为后续学习打下良好的基础。学习本项目后，应该能够完成一些复杂零件的建模和装配。

思考与练习

操作题

1. 将减速箱的任一零件通过 UG NX 12.0 输出为 IGS 和 STEP 文件，然后再导入到 UG NX 12.0 中，注意观察其与 PRT 文件有何不同之处。
2. 对减速箱的六个零件应用 A4 模板生成工程图并导出为 PDF 文件。

项目 6　机械产品装配实践——风机装配设计

【项目介绍】

本项目以图 6-1 所示的风机装配项目为载体，通过完成该项目的装配设计等任务，认识 UG NX 的自下而上、自上而下、添加部件族标准件等装配设计方法。

图 6-1　风机装配

【项目目标】

继续熟悉 UG NX 装配的主要方法和工作流程；掌握装配的基础知识和创建装配的一般方法；掌握在装配中参照其他组件进行关联设计的方法；了解对装配模型的干涉检查、间隙分析和重量管理等操作；了解完成装配模型后的爆炸视图、装配和拆卸动画的生成方法等。

【项目相关知识点】

- 装配建模的基础知识和基本术语。
- 利用装配导航器对装配部件进行有效管理。
- 掌握"自下而上"的装配建模方法，学习添加约束的各种方法。
- 学习利用"自下而上"的装配建模方法进行零件的关联设计。
- 利用装配部件生成装配爆炸视图。

小课堂：中国制造——世界上最厉害的风机之一

一种我国自主研制、专门用于钢材制造的风机产品，重量高达123t，其标准工作状态下的功率为60kPa。在正常工作条件下，使用这台风机能够制造出520kPa的风力。520kPa相当于什么水平呢？拿我们比较熟悉，同时也十分害怕的台风来举例说明。2019年登陆我国广东地区的台风"山竹"，等级高达17级，给当地居民造成了巨大的损失，其风力也仅仅相当于这台风机所制造风力的三百分之一。在这一风机的强力支持下，我国能够进一步提高煤炭资源的利用率，根据有关专家的初步估计，能够提高20%。这对于我国强调的环保发展理念也有着积极的意义。另外，将这一风机用于钢铁制造领域，能够进一步提高我国钢材的质量，使其实现质的跨越。

任务6.1 装配功能模块概述

装配功能模块是UG NX集成环境中的一个应用模块。装配建模不仅能快速地将零部件组合成产品，而且可以在装配中参照其他组件进行零部件的关联设计，还可以对装配模型进行干涉检查、间隙分析和重量管理等操作。装配模型产生后，可以建立爆炸视图，也可以生成装配和拆卸动画等。

新建一个装配文件或打开一个已存在的装配文件，选中"应用模块→装配"，可以启动装配环境，如图6-2所示。"装配"子菜单和功能区如图6-3所示。

图6-2 启动装配环境

图6-3 "装配"子菜单和功能区

6.1.1 装配术语介绍

图 6-4 表达了装配、子装配和组件之间的关系，下面介绍装配的相关术语。

1. 装配部件（Assembly）

装配部件是由零件和子装配构成的部件，是一个指向零件和子装配的指针的集合，也是一个包含组件的部件文件。装配过程是在装配中建立部件之间的链接关系，是通过关联条件在部件间建立约束关系来确定部件在产品中的位置。在装配中，零件的几何体是被装配所引用，而不是复制到装配中。不管如何编辑部件和在何时编辑部件，整个装配部件都会随之更新。

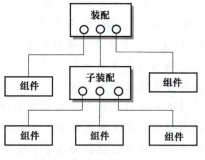

图 6-4 装配、子装配和组件

注意：当保存一个装配文件时，各部件的几何数据并不是保存在装配部件中，而是保存在相应的零件文件中。

2. 子装配（Subassembly）

子装配是在高一级装配中被用作组件的装配，子装配拥有自己的组件。子装配是一个相对的概念，任何一个装配部件都可以在更高级装配中用作子装配。

3. 组件（Component）

组件是装配中由组件对象所指向的部件文件。组件可以是单个部件（即零件），也可以是一个子装配。组件是由装配部件引用而不是复制到装配部件中。

4. 组件对象（Component Object）

组件对象是一个从装配部件链接到部件主模型的指针。一个组件对象记录的信息有：部件名称、层、颜色、线型、线宽、引用集和配对条件等。

5. 引用集（Reference Set）

引用集是指在一个部件中已命名的几何体集合，用于在较高级别的装配中简化组件的图形显示。对于一个部件而言，系统默认创建的引用集描述如下：

1）Model：模型，部件中的第一个实体模型。
2）Entire Part：整个部件，部件中的所有数据。
3）Empty：空的，不包括任何模型数据。

6. 加载选项（Load Option）

当一个装配部件被打开时，系统需要搜索并加载所引用的组件。加载选项用于控制从哪里和如何加载其组件，如图 6-5 所示。或者选择【菜单】/【文件】/【选项】/【装配加载选项】命令，打开图 6-6 所示的"打开"对话框。

默认情况下，系统从与装配部件相同的文件夹中加载组件，即"从文件夹"方式。

如果装配部件和其引用的组件不在同一个文件夹中，则需要设定加载方式为"从搜索文件夹"，图 6-6 表达了定义搜索文件夹的一般过程。

7. 主模型（Master Model）

所谓主模型是指能够被 UG NX 各模块共同引用的部件模型。应用主模型的表现形式为一个包含主模型部件文件的装配部件。

项目6　机械产品装配实践——风机装配设计

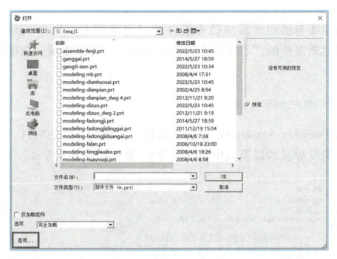

图 6-5　"打开"对话框

图 6-6　"装配加载选项"对话框

　　一个主模型可被制图、装配、加工、分析等模块同时引用，当主模型被修改时，相关引用自动更新。主模型的应用如图 6-7 所示。

　　注意：初学者容易犯的一个错误是在创建好的零件中直接添加组件进行装配。虽然在 NX 中可以这么做，但一般在实际工作中是不允许的，否则不但会引起装配的循环结构错误，而且会给零件的编辑带来困难。

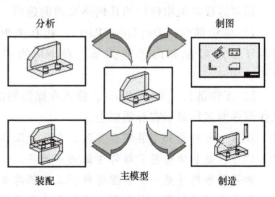

图 6-7　主模型的应用

8. 装配建模方法

装配建模方法主要包括用于添加已有组件的"自下而上（Bottom_up）"装配建模和用于在装配环境中创建新组件的"自上而下（Top_down）"装配建模。在很多设计应用中，常常混合使用两种方法。

6.1.2 装配导航器介绍

装配导航器（Assembly Navigator）以树状结构显示装配部件的组件，并提供了在装配中操控组件的方法。装配导航器以及其中组件的MB3菜单如图6-8所示。

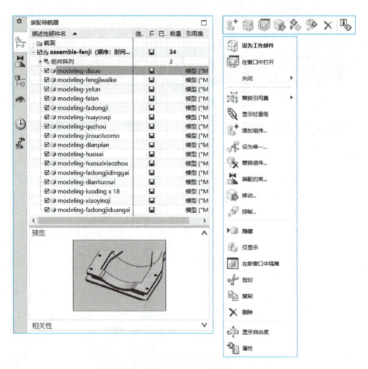

图 6-8 装配导航器和 MB3 菜单

在装配导航器中使用 MB3 菜单可以使装配为显示部件而组件为工作部件，当组件几何体在装配中显示时可直接对它进行编辑。

还可链接其他组件中的几何体来辅助建模，一般也称为"就地编辑"。

1）显示部件（Displayed Part）：指在图形窗口中显示的部件、组件和装配。显示部件用于显示装配和组件的关系。在 NX 的主界面中，显示部件的名称会显示在标题栏中。

2）工作部件（Work Part）：指正在操作的部件，可以在工作部件中创建和编辑几何体。工作部件的名称显示在标题栏上。

注意： 当打开一个装配部件时，它既是工作部件又是显示部件。工作部件可以是显示部件，也可以是包含在显示部件中的任一部件。

如果显示部件是一个装配部件，工作部件是其中一个部件，那么此时工作部件以其自身的颜色显示以示加强，其他显示部件变为灰色以示区别。

如果显示部件的上级装配已被载入，则其保留返回到上一级装配的指针。具体操作方法是：在装配导航器中，右击显示部件的根节点，选择"显示父部件"。

6.1.3 装配导航器操作指导

1. 打开装配部件

1）选择【菜单】/【文件】/【选项】/【装配加载选项】命令，确认加载选项为"从文件夹"方式。

2）打开文件 assembly-fengji.prt，启动装配环境。

2. 使用装配导航器查看装配组件

1）打开装配导航器，在装配导航器中选择不同的节点，观察组件颜色的变化。

2）在导航器的空白处单击 MB3，选择【全部展开】，再次单击 MB3，在弹出的快捷菜单中选择【全部打包】。

3）在装配导航器中选择 modeling-dizuo 节点，打开导航器下面的"预览"面板。

3. 使用"拖放"操作调整装配结构

在装配导航器中选择 modeling-fadongjiduangai 节点。按住 MB1 拖动这个节点到 gangti-asm 节点上，释放 MB1，在出现的警告对话框中单击 OK 按钮，如图 6-9 所示。

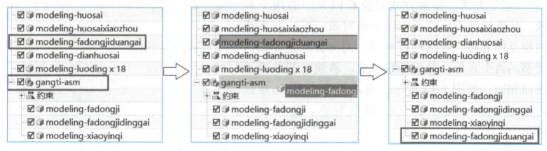

图 6-9 使用"拖放"操作调整装配结构

4. 控制装配部件的显示

1）右击装配导航器中的 modeling-luoding×18 节点，选择【解包（Unpack）】命令。

2）右击装配导航器中的 modeling-luoding 节点，选择【转为工作部件】命令（或者双击此节点）。观察操作节点和图形窗口中组件的颜色变化。

3）右击装配导航器中的 gangti-asm 节点，在弹出的快捷菜单中选择【转为显示部件】命令。则此组件以单独窗口显示，但工作部件仍然没有变化。

4）选择【首选项】/【装配】命令，在"工作部件设置"中取消选择"保持"选项。

注意：如果此选项打开，则在转换显示部件时，工作部件保持不变；如果此选项关闭，则新的显示部件总是作为工作部件。

5）在装配导航器中右击根节点 gangti-asm，在弹出的快捷菜单中选择【显示父部件→assembly-fengji】命令，则主装配成为显示部件，同时成为工作部件。

6）关闭所有部件，完成本练习。

任务 6.2 风机装配

6.2.1 "自下而上"装配建模介绍

1. 自下而上建模（Bottom-up Modeling）

数据库中已经存有的系列产品零件、标准件以及外购件，可以通过自下而上的方法加入装配部件中。此时，装配建模的过程是建立组件配对关系的过程。

2. 装配组件的定位方式

组件在装配中的定位方式主要包括绝对定位和配对约束。绝对定位是以坐标系作为定位参考，一般用于第一个组件的定位。配对约束可以建立装配中各组件之间的参数化相对位置和方位关系，这种关系被称为配对条件，一般用于后续组件的定位。未被完全约束的组件还可以利用"重定位"工具动态调整其位置。

3. 配对约束类型

UG NX 12.0 共提供 11 种配对约束条件，如图 6-10 所示。

1）接触对齐：包括接触、对齐、自动对齐中心/轴等方式。接触方式定位相同类型的两个对象，使它们重合。对于一组平面对象，其法向将指向相反的方向，如图 6-11 所示。对齐方式定位相同类型的两个对象，对于平面对象，将使它们共面且法向相同，如图 6-12 所示。自动对齐中心/轴定位方式用于轴对称对象中心/轴的对齐，如图 6-13 所示。

图 6-10 装配约束类型

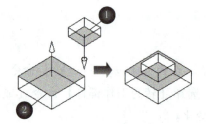

图 6-11 平面接触（Mate）

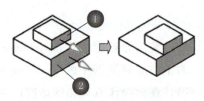

图 6-12 平面对齐（Align）

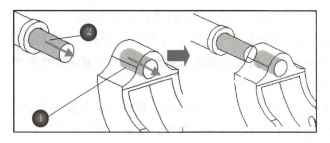

图 6-13 对齐圆柱面的轴线

2）同心 ◎：定位两个组件的圆边或椭圆边使其同心，且边所在的面共面。

3）距离：指定两个组件对象之间的最小距离。

4）固定：将组件固定在其当前位置。

5）平行：定义两个组件对象的方向矢量为互相平行。

6）垂直：定义两个组件对象的方向矢量为互相垂直。

7）对齐/锁定：对齐不同对象中的两个轴，同时防止对象绕公共轴旋转。

除了无法旋转以外，对齐/锁定约束和对齐约束作用类似。对齐不同组件中的两条圆弧线，同时防止组件之间发生相对旋转，除了无法旋转以外，对齐/锁定约束也和同心约束作用类似。如图6-14所示，左边的螺栓有对齐约束，右边的螺栓有对齐/锁定约束，因此，左边的螺栓有一个旋转自由度，可以绕其中心线旋转；右边的螺栓已锁定位置，无自由度。

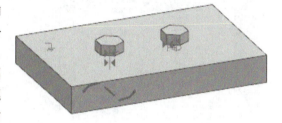

图6-14 对齐约束和对齐/锁定约束的区别

8）适合窗口（拟合）＝：将两个半径相同的圆柱面相配合，常用于孔内定位销钉或螺栓，如果半径不等，则约束失效。

9）胶合：将组件"焊接"到一起，它们会作为一个实体移动。

10）中心：将一个组件的1个或2个对象对中于另外一个组件的1个或2个对象。此定位方式包括三种类型：1 to 2（图6-15）、2 to 1和2 to 2（图6-16）。

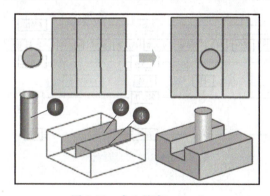

图6-15 中心约束：1 to 2

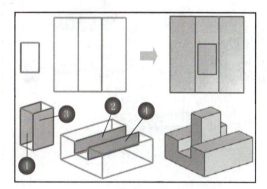

图6-16 中心约束：2 to 2

11）角度：定义两个组件对象间的角度。如图6-17所示，在进行角度约束之前，应该首先添加两个表面的接触约束和边缘的对齐约束。

4. 约束条件的管理

通过装配导航器中的约束列表可以管理已经添加的约束条件，如图6-18所示。图中：①为展开约束；②为被抑制的约束；③为约束条件；④为MB3菜单。

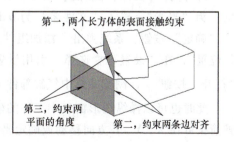

图6-17 约束两个平面对象的角度

5. 移动组件

对于欠约束的组件可以在它们未被限制自由度的方向上通过 MB3 菜单或装配工具栏的"移动"按钮进行移动操作，这些操作主要包括对象的移动和旋转等，"移动组件"对话框如图 6-19 所示。

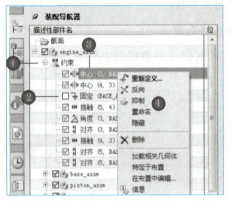

图 6-18　约束条件管理

图 6-19　"移动组件"对话框

6.2.2　创建风机子装配和总装配

风机装配主要包括以下四个部分：发动机、鼓风机、紧固件和底座，因此可以根据风机部件的组成情况来设计装配结构。本项目的装配结构分析如图 6-20 和图 6-21 所示。

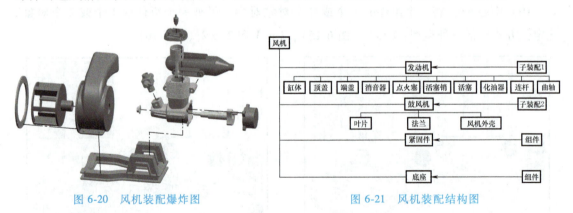

图 6-20　风机装配爆炸图　　　　　　　　图 6-21　风机装配结构图

1. 创建发动机子装配

1) 选择【文件】/【新建】命令，在弹出的"新建"对话框中选择"装配"模板，"单位"为"毫米"，输入"文件名"为 fadongji-asm，保存路径为需要装配的模型文件夹，单击"确定"按钮，系统弹出"添加组件"对话框。在"装配位置"栏选择"绝对坐标系-工作位置"，在"设置"栏选择"引用设置"为"模型"、"图层选项"为"原始的"，单击"打开"按钮，浏览并选中气缸部件 modeling-fadongjigangtiprt，如图 6-22 所示。

此时也可以操纵图形窗口中工件的坐标系手柄：操纵原点球可确定原点方位；操纵坐标轴箭头可在 X、Y、Z 方向移动或确定坐标轴方向；操纵旋转球可以旋转工件。单击 X 轴和 Z 轴之前的旋转球，输入旋转角度-90°，使缸体轴线指向 Z 轴正方向，如图 6-23 所示。单击"确定"按钮,在弹出的"创建固定约束"对话框中单击"是",如图6-24所示,完成第一个组件的添加。

图6-22 添加第一个组件　　　　图6-23 通过手柄控制位置和方向

2)添加顶盖组件,选择【装配】/【添加】命令,弹出的"添加组件"对话框中单击"打开"按钮,浏览并选中顶盖部件 modeling-fadongjidinggai,在"放置"栏选择"移动",如图6-25所示;单击"指定方位",使用手柄将工件拖放至合适的位置,如图6-26所示;在"放置"栏选择"约束",在"约束类型"中选择"接触对齐",如图6-27所示,添加以下装配约束。

图6-24 "创建固定约束"对话框

图6-25 "放置"选择"移动"　　图6-26 使用手柄拖放　　图6-27 使用约束装配

① 平面接触:在"约束类型"中选择"接触对齐",在"要约束的几何体"中选择"方位"为 ,选择图6-28所示的顶盖下平面5和缸体上平面1。

注意：添加一个约束后，系统会以不同的颜色显示已经约束和未被约束的自由度符号，包括线性自由度箭头和旋转自由度箭头。也可以单击对话框中的"预览"按钮查看装配结果，确定无误后，选择"取消预览"使装配组件返回到"组件预览"窗口中。

在装配过程中，装配对象的选择顺序是从欲装配组件到已装配组件。

② 对齐圆柱面轴：在"要约束的几何体"中选择"方位"为 ，选择圆柱面 6 和圆柱面 2。

③ 同理，对圆柱面 4 和圆柱面 3 添加"对齐"约束。

④ 单击"应用"按钮，接受所有的装配约束设置。

3）装配消音器部件 xiaoyinqi，按图 6-29 所示添加以下装配约束。

① ：平面 5→平面 2。

② ：圆柱面 6→圆柱面 1。

③ ：圆柱面 4→圆柱面 3。

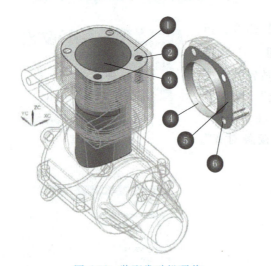 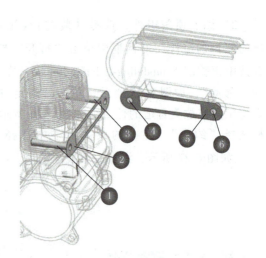

图 6-28　装配发动机顶盖　　　　　　　　图 6-29　装配消音器

4）装配化油器部件 huayouqi，按照图 6-30 所示添加以下装配约束。

① ：平面 1→平面 4。

② ：圆柱面 2→圆柱面 5。如果方向有误，则单击"备选解"按钮。

③ ：圆柱面 3→圆柱面 6。

5）装配活塞部件 huosai，按照图 6-31 所示添加装配约束 ：圆柱面 1→圆柱面 2。

6）装配曲轴部件 quzhou，按照图 6-32 所示添加以下装配约束。

① ：圆柱面 3→圆柱面 2。如果方向有误，则单击"备选解"按钮。

② ：平面 4→平面 1。输入距离 0.5。

7）装配连杆部件 liangan，按照图 6-33 所示添加以下装配约束。

① ：圆柱面 6→圆柱面 1。

② ⌘：圆柱面 7→圆柱面 8。

③ ▶◀ "2 to 2"：平面 2、平面 3→平面 5、平面 4。

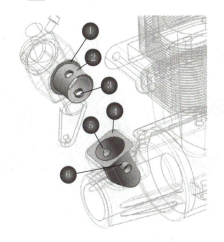

图 6-30　装配化油器

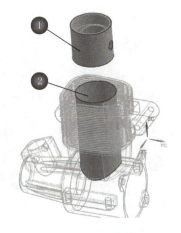

图 6-31　装配活塞

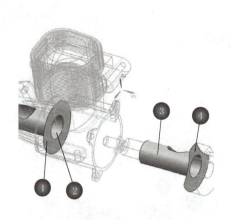

图 6-32　装配曲轴

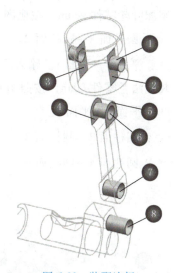

图 6-33　装配连杆

8）装配销轴部件 xiaozhou，按照图 6-34 所示添加以下装配约束。

① ⌘：圆柱面 2→圆柱面 1。

② ▶◀ "2 to 2"：平面 6、平面 5→平面 4、平面 3。

9）装配端盖部件 duangai，按照图 6-35 所示添加以下装配约束。

① ⁄⁄：平面 5→平面 4。

② ⌘：圆柱面 6→圆柱面 3。

③ ⌘：圆柱面 2→圆柱面 1。

10）装配点火塞部件 dianhuosai，按照图 6-36 所示添加以下装配约束。

① ⚊ :平面1→平面3。

② ⊩ :圆柱面2→圆柱面4。

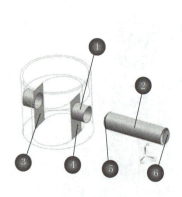

图6-34 装配销轴

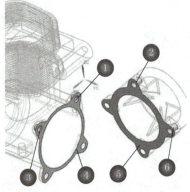

图6-35 装配端盖

图6-36 装配点火塞

2. 创建鼓风机子装配

1)创建一个装配模型 gufengji_asm,载入主部件 fengjiwaike.prt。

2)装配叶轮零件 yelun,按照图6-37所示添加约束。

① ⚙ :圆柱面4→圆柱面2。

② ⊩ :平面3→平面1。输入距离0.5。

3)装配法兰零件 falan,按照图6-38所示添加约束。

① ⊩ :平面1→平面5。

② ⚙ :圆柱面2→圆柱面3。

③ ⚙ :圆孔面4→圆孔面6。

创建鼓风机子装配

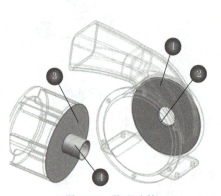

图6-37 装配叶轮

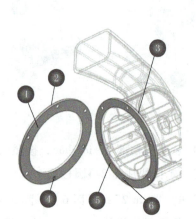

图6-38 装配法兰

3. 创建风机总装配

1)创建一个装配模型 assembly-fengji,加载底座部件 dizuo。

2)装配发动机子装配 fadongji_asm,按图6-39所示的表面添加以下约束。

① ⚊ :平面2→平面6。

创建风机总装配

② ▦：圆柱面 1→圆柱面 5。

③ ▦：圆柱面 3→圆柱面 4。

3）装配鼓风机子装配 gufengji_asm，按图 6-40 所示的表面添加以下约束。

① ∥：平面 3→平面 6。

② ▦：圆柱面 2→圆柱面 4。

③ ▦：圆柱面 1→圆柱面 5。

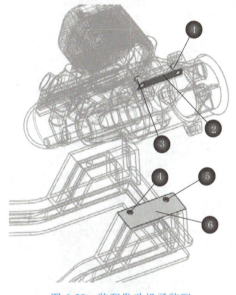

图 6-39　装配发动机子装配

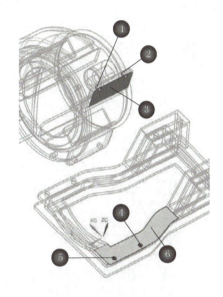

图 6-40　装配鼓风机子装配

4）装配螺钉部件 luoding。

① 装配底座和鼓风机之间的第一个螺钉部件。为了方便操作，暂时隐藏发动机子装配。按图 6-41 所示添加以下约束。∥：平面 1→平面 2；▦：圆柱面 4→圆柱面 3。

② 使用组件阵列方法完成鼓风机子装配上其余螺钉的装配。选择【装配】/【阵列组件】命令，打开图 6-42 所示的"阵列组件"对话框，选择"线性"方式，设置方向 1 指定矢量为按图 6-43 所示，用户坐标选择 YC 方向，或选择鼓风机安装面的一个线性边缘，输入阵列参数：数量 = 2、节距 = 24；设置方向 2 指定矢量为选择 XC 方向，输入阵列参数：数量 = 2、节距 = 66。单击"确定"按钮，完成组件的阵列。

③ 同理，完成发动机和底座、缸体和顶盖、缸体和消音器之间螺钉的装配。

④ 装配鼓风机和法兰之间的第一个螺钉。

⑤ 使用组件阵列方法完成鼓风机和法兰之间其余螺钉的装配。选择【装配】/【阵列组件】命令，打开图 6-44 所示的"阵列组件"对话框，选择"圆形"方式，旋转轴指定矢量选择 YC，旋转轴选择法兰的中心，输入阵列参数：数量 = 6、节距 = 60°，单击"确定"按钮，完成组件的阵列，如图 6-45 所示。

⑥ 同理，完成缸体和端盖之间螺钉的装配。

5）保存装配部件，完成装配。

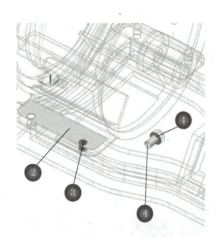  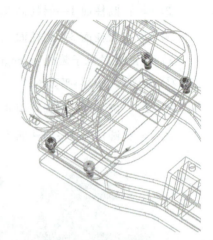

图 6-41　装配第一个螺钉　　　图 6-42　"阵列组件"对话框　　　图 6-43　完成组件线性阵列

图 6-44　圆形阵列设置　　　　　　　图 6-45　完成组件圆形阵列

任务 6.3　风机装配应用

前面通过整个风机的装配过程介绍了 UG NX 装配建模的一般方法。装配完成之后，可以进行很多应用。本任务将介绍装配间隙分析、装配爆炸图生成等常用操作。

6.3.1　风机装配间隙分析

装配间隙分析功能用来检查装配组件之间的干涉情况，可以设置间隙条件、创建检查组件列表以及创建干涉体等，是详细的间隙分析方式。

1. 查看装配干涉关系

1）打开风机装配 assembly-fengji，为了方便观察，使所有装配组件对象显示为透明状态。

装配间隙分析

2）执行【装配】/【间隙分析】/【新建集】命令，如图 6-46 所示，弹出"间隙分析"对话框，勾选"执行分析"复选框，单击"确定"按钮，得到图 6-47a 所示的分析结果，干涉类型如图 6-47b 所示。通过观察可以发现：发动机顶盖与活塞之间存在硬干涉，必须进行修复。

图 6-46 新建集

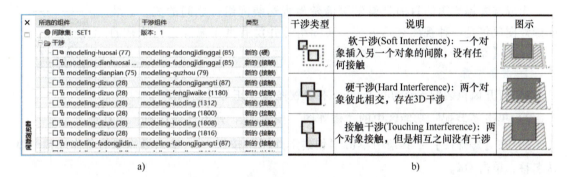

a)   b)

图 6-47 间隙分析结果和干涉类型说明

3）为进一步了解干涉情况，右击"间隙集：SET1"，选择"编辑干涉集"命令，弹出"间隙分析"对话框，在"设置"栏勾选"保存干涉几何体"，然后重新执行计算得到干涉情况，如图 6-48 所示。

4）双击间隙浏览器中的硬干涉，测量干涉几何体的宽度，如图 6-49 所示。

图 6-48 设置保存干涉几何体

图 6-49 顶盖与活塞的干涉

2. 修复装配干涉

1）修复顶盖与活塞之间的干涉：右击顶盖零件，对零件进行编辑，使用【偏置面】命令，将下底面向内偏置 2，更新模型，如图 6-50 所示。

2）使风机总装配成为工作部件，在间隙浏览器中右击"间隙集：SET1"，在弹出的快捷菜单中选择【执行分析】命令，查看间隙浏览器中干涉条件的变化，如图6-51所示。

图 6-50　编辑顶盖零件

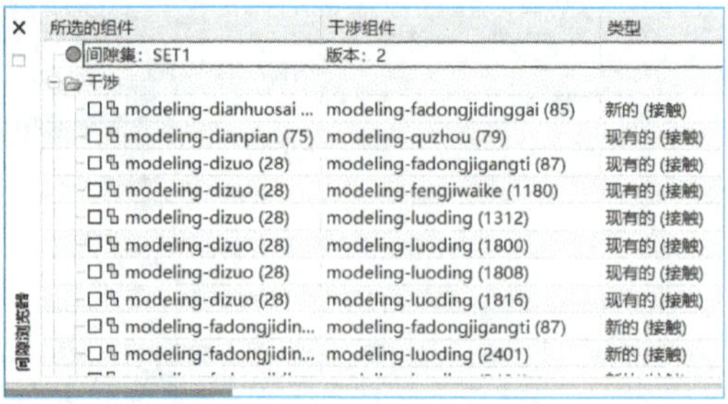

图 6-51　修改后的间隙分析结果

6.3.2　风机装配爆炸图

生成装配爆炸图的目的是能够更清楚地表达装配组件之间的关系。装配爆炸图仅仅是一种视图表达方式，实际组件并没有真正离开它们原来的位置。在【菜单】/【装配】/【爆炸图】中可以找到这些工具。

1．准备爆炸

1）打开风机装配 assembly-fengji，替换视图为"正等轴测视图"。

2）单击"装配"功能区中的"爆炸图"按钮，弹出【爆炸图】工具条。

3）在【爆炸图】工具条中单击"创建爆炸图"按钮，输入爆炸图的名称或接受默认名称，单击OK。

注意： 爆炸图创建后，组件位置并没有发生变化，需要使用编辑组件爆炸或自动爆炸组件的方法来获得预期爆炸效果。

2．自动爆炸组件

1）单击"自动爆炸组件"按钮，选择发动机子装配、鼓风机子装配，输入爆炸距离为-100，单击OK。其结果如图6-52所示。

2）单击"自动爆炸组件"按钮，选择鼓风机子装配中的所有零件，输入爆炸距离为-100，单击OK；单击"自动爆炸组件"按钮，选择发动机子装配中的所有零件，输入爆炸距离为50，单击OK。其结果如图6-53所示。

图 6-52　总装配自动爆炸

图 6-53　子装配自动爆炸

3）仔细观察爆炸图，如果有部件在当前视图中有重叠现象，可以重复上面的操作步骤，重新设置爆炸距离。

注意：自动爆炸组件是基于装配约束条件建立的，组件根据约束类型移动到一个给定的偏置距离。此选项对于未装配组件没有影响。

3. 手动爆炸组件

1）在【爆炸图】工具条中单击"创建爆炸图"按钮，弹出"新建爆炸"对话框，选择"否"，如图 6-54 所示，输入爆炸图的名称或接受默认名称，单击 OK，创建一个新的爆炸图。

2）单击"编辑组件爆炸"按钮，选择发动机子装配和发动机上的所有螺钉，在"编辑爆炸"对话框中选择"移动对象"，如图 6-55 所示，选择 ZC 轴动态手柄，输入"距离"为 60（或者按住并拖动 ZC 轴手柄至 60 的距离）；再选择鼓风机子装配和鼓风机上的所有螺钉，在"编辑爆炸"对话框中选择"移动对象"，选择 ZC 轴动态手柄，输入"距离"为 60，选择 YC 轴动态手柄，输入"距离"为 50，单击"确定"按钮，结果如图 6-56 所示。

图 6-54 "新建爆炸"对话框

图 6-55 "编辑爆炸"对话框

3）选择叶轮、法兰和法兰固定螺钉，选择 YC 轴移动手柄，输入或拖动"距离"为 90；选择法兰和法兰固定螺钉，选择 YC 轴移动手柄，输入"距离"为 40；继续选择法兰螺钉，沿 YC 方向移动，输入"距离"为 40；选择鼓风机固定螺钉，沿 ZC 方向移动，输入"距离"为 100，结果如图 6-57 所示。

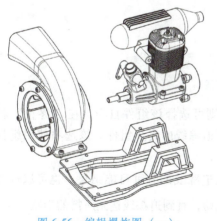

图 6-56 编辑爆炸图（一）

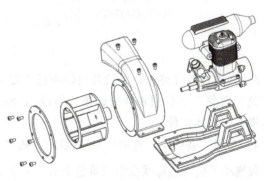

图 6-57 编辑爆炸图（二）

4）选择曲轴、端盖和端盖固定螺钉，沿 YC 方向移动，输入"距离"为-100；选择端盖固定螺钉，沿 YC 方向移动，输入"距离"为-40。

5）选择顶盖、点火塞、顶盖固定螺钉，选择 ZC 轴移动手柄，输入"距离"为 120；

选择点火塞和顶盖固定螺钉，选择 ZC 轴移动手柄，输入"距离"为 20；继续选择顶盖固定螺钉，选择 ZC 轴移动手柄，输入"距离"为 20。选择活塞、连杆和销轴，选择 ZC 轴移动手柄，输入"距离"为 60；继续选择活塞和连杆，选择 ZC 轴移动手柄，输入"距离"为 30；继续选择销轴，选择 ZC 轴移动手柄，输入"距离"为-40。

6）选择化油器，沿 ZC 方向移动，输入"距离"为 50；选择消音器，沿 XC 方向移动，输入"距离"为-50。

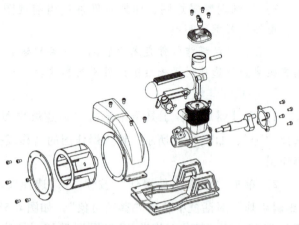

图 6-58　完成的爆炸图

7）同理，完成其他组件的爆炸编辑，结果如图 6-58 所示。

4. 创建装配追踪线

在爆炸图中，可以为指定的组件创建追踪线，用于显示组件装配路径。要打开追踪线工具，单击【爆炸图】工具条上的"追踪线"按钮 即可。

1）单击"追踪线"按钮，打开"追踪线"对话框。

2）先选择鼓风机座脚下表面孔中心作为追踪线起点，再选择底座上对应的安装孔上表面中心，如图 6-59 所示。

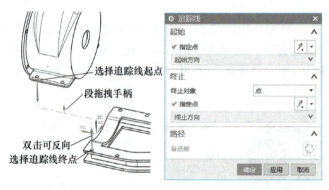

图 6-59　创建装配追踪线

3）如果追踪线终止组件的几何体不适于定义点，则可选择该组件自身。在"终止"栏的"终止对象"下拉列表框中选择"组件"，然后选择追踪线的终止组件。该选项使用组件的未爆炸位置来定位。

4）如果"备选解"选项 高亮显示，则可以切换追踪线的各种可能结果。也可以选择任一段拖动手柄（追踪线段中的黄色小箭头 ）进行拖动，直到追踪线达到所需的形状为止。

5）单击"确定"或"应用"按钮以创建曲线。同理，创建图 6-60 所示的其他装配追踪线。

注意： 要编辑追踪线，则在图形窗口中选择该追踪线后右击。或直接双击追踪线开始编辑，其对话框包含的选项与"追踪线"对话框相同。

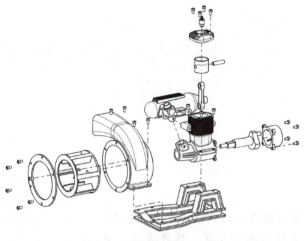

图 6-60　其他装配追踪线

项 目 小 结

通过本项目了解了 UG NX 装配的基本流程和相关概念，以风机装配为操作范例掌握了自下而上的装配建模方法，学习了添加装配约束的各种方法，组件阵列方法，装配分析方法，以及装配爆炸图的创建方法。

思考与练习

问答题

1. 为什么要使用引用集？系统默认的引用集有哪些？
2. 说明自下向上的装配、自上向下的装配、混合装配、主模型这几个名词的含义。
3. 工作部件和显示部件有什么区别？
4. UG NX 提供了哪些装配约束类型，它们的用法是什么？
5. 如何创建一个装配爆炸图？
6. 组件阵列的类型有哪几种，它们的用法是什么？
7. 何为可变形组件？如何在装配中添加可变形组件？

项目 7　机械产品制图实践——减速箱制图

【项目介绍】

本项目主要通过典型范例和应用项目介绍 UG NX 工程制图模块，包括工程图参数设置、图样布局、视图生成、尺寸标注和符号标注等内容。

【项目目标】

通过本项目的学习，能够根据已有的 3D 模型（图 7-1）快速创建符合国家标准（GB）的工程图。

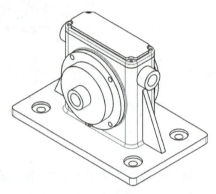

图 7-1　减速箱

【项目相关知识点】

- □ 使用制图模板。
- □ 制图标准的预设置。
- □ 视图的生成与管理。
- □ 制图符号的插入。
- □ 制图标注。
- □ 装配制图与零件明细表。

任务 7.1　熟悉 UG NX 软件制图环境

7.1.1　制图标准设置

在绘制工程图时，遵循某种制图标准（如 GB）是必要的。因此必须在绘图之前将绘图标准设置为 GB 或使用国标模板来绘制。

UG NX 可以通过下列方式进行绘图标准的定制。

1) 通过【文件】/【实用工具】/【用户默认设置】进行制图标准的设置。重启 UG NX 之后，新建的制图文件均遵守修改后的设置，如图 7-2 所示。

2) 打开一个文件之后，可通过【文件】/【首选项】/【制图】进行设置。此设置只对当前文件有效，如图 7-3 所示。

使用用户默认设置时，选择"制图"→"常规/设置"，如图 7-4 所示。在"制图标准"栏选择 GB，切换到"工作流程"选项卡，在"图纸"栏"设置起源"中选择"图纸标准"。回到"标准"选项卡,在"制图标准"后单击"定制标准"按钮,进入"定制制图标准-GB"对话框,如图7-5所示。

图 7-2　启用用户默认设置

图 7-3　启用制图首选项

图 7-4　"用户默认设置"对话框

图 7-5　"定制制图标准-GB"对话框

对于 NX 系统提供的 GB 制图标准,某些地方仍然需要修改,如图 7-6 和图 7-7 所示。

1)公共:"文字"选项用于设置制图中文字相关的参数,这里根据 GB 要求采用系统自带的 FangSong 字体,字体相关参数的设置按图 7-6 所示完成;在"直线/箭头"面板的"箭头"选项卡中,勾选"填充箭头"复选框。

2)图纸格式:在"图纸页"面板的"尺寸和比例"选项卡中,在"正投影角"栏选择第三视角;在"边界和区域"面板的"区域"选项卡中,在"标签"栏将"字体"设为FangSong,其余保持默认设置。

3)视图:在"工作流程"面板中,在"边界"栏取消勾选"显示"复选框,其余保持默认设置。

4)尺寸:在"工作流程"面板中,切换到"定向尺寸"选项卡,勾选"启用定向尺寸"复选框;在"尺寸线"面板中,勾选"箭头之间有线"复选框;在"文本"面板中,切换到"单位"选项卡,"小数分隔符"设置为"句点",勾选"显示前导零"复选框,不要勾选"显示后置零"复选框;当前面板中,切换到"方向和位置"选项卡,"位置"选择"文本在短划线之上";依次切换到"附件文本""尺寸""公差"选项卡,将"字体"设置为Fangsong,其中文本其他参数如图7-7所示。

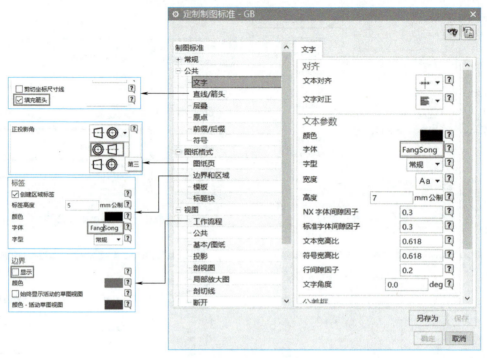

图7-6 制图标准前三项的修改

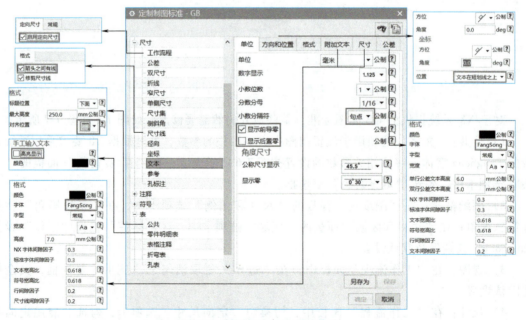

图7-7 制图标准后几项的修改

5)表:在"公共"面板中,切换到"表区域"选项卡,在"格式"栏将"对齐位置"设置为右下;在"零件明细表"面板的"手工输入文本"栏,取消勾选"高亮显示"复选框，如图 7-7 所示，其余采用默认设置。

将制图标准修改完成后，另存为用户自定义的名称，并在图 7-4 所示的"用户默认设置"对话框中使用。重启 NX 后，新建的文件均采用新的制图标准。

7.1.2 添加图样的方法

1. 方法一：使用自包含的方法创建图样

1）完成零件建模后，选择【应用模块】/【制图】命令，系统进入制图应用环境。单击"新建图纸页"按钮，系统会显示对话框来提示用户插入图样，如图 7-8 所示。

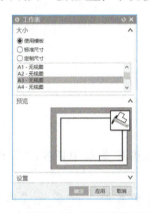

图 7-8 "工作表"对话框-使用模板

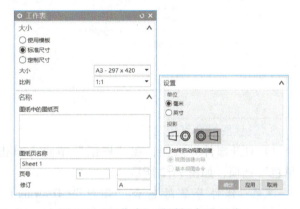

图 7-9 "工作表"对话框-标准尺寸

2）使用模板插入一张图样：在"工作表"对话框中选择"使用模板"，在列表框中选择"A3-无视图"，然后单击"确定"按钮以插入图样。

注意：系统会自动打开"基本视图"对话框。如果系统没有显示图样边框和标题栏，则可以通过图层设置使 170 层为"可选择"或者"仅可见"。

3）也可以使用标准尺寸插入图样：在"工作表"对话框中选择"标准尺寸"，在列表框中选择"Sheet 1（A3-297×420）"；在下方"设置"栏，确认选择的"单位"为"毫米"、"投影"为第三视角，然后单击"确定"按钮以插入图样，如图 7-9 所示。此方法执行后是没有图样边框和标题栏的，如果需要采用标准模板，可以在"制图工具"的"GC 工具箱"功能区中单击"替换模板"按钮，选择 A3 模板，如图 7-10 所示。

图 7-10 工程图模板替换

2. 方法二：使用主模型创建制图

1）在原零件打开的情况下，新建一个文件，在"新建"对话框中切换到"图纸"选项卡，选择"A3-无视图"模板，如图 7-11 所示，系统会自动将打开的工作部件作为要创建图样的部件，并在原零件名称之后加上"_dwg"。

2）也可以在"要创建图纸的部件"区域打开主模型部件，然后单击"确定"按钮完成制图文件的创建。

注意：无论使用哪一种方法创建制图，后面的步骤都是一样的。

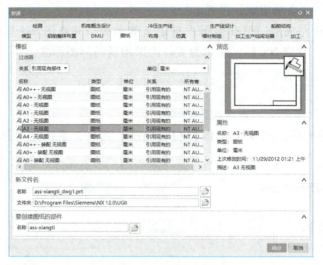

图 7-11　新建制图文件

3. 设置图样的可视化效果

1）打开部件导航器，在"图纸"节点上单击 MB3，在弹出菜单中切换"节点"和"单色"选项，如图 7-12 所示。

注意：部件导航器包含"图纸"（Drawing）节点，此节点的下一层是"图纸页"（Sheet）节点（一个部件可以包含多张图样），再下一层是"视图"（View）节点。在不同节点上单击 MB3 可以打开不同的快捷菜单，这些菜单提供了一些常用的快捷工具。另外，"图纸页"节点和"视图"节点支持复制与粘贴操作。

2）选择【首选项】/【可视化】命令，切换到"颜色设置"选项卡，在"图纸和布局部件设置"栏设置以下选项：背景色为白色，勾选"显示线宽"复选框，如图 7-13 所示。

> **小课堂：拥有自主知识产权的二维制图国产软件**
>
> 目前国内除了 AutoCAD 软件外，中望 CAD 是一款全新的自主研发的 CAD 平台软件，运行速度和兼容性都较好，功能和 AutoCAD 差不多，二维制图方面更加好用，售后服务好。CAXA 电子图板是具有完全自主知识产权的二维 CAD 软件产品，获得过"二十年金软件奖"，优势是性价比高。CAXA 有很多的尺寸标注是 AutoCAD 所没有，提供对话框计算、EXB 浏览器、文件检索、DWG 转换器等工具。

图 7-12　"图纸"节点的 MB3 菜单

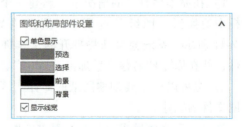

图 7-13　制图的可视化首选项

7.1.3 添加视图的方法

1. 添加基本视图（Base View）

在图样中可以创建一个或多个基本视图，一旦放置了一个基本视图，系统就会自动启动投射视图模式。添加基本视图的对话框和图形窗口中的 MB3 菜单如图 7-14 所示。

基本视图一般继承模型的标准定向视图，当现有的视图定向无法满足制图添加基本视图的要求时，可以使用"定向视图工具" 自定义视图方位，"定向视图工具"对话框和视图预览窗口如图 7-15 所示。使用"定向视图工具"，可以通过指定法向和 X 方向完成视图的定向。

图 7-14　"基本视图"对话框和 MB3 菜单

图 7-15　定向视图工具和视图预览窗口

2. 添加投射视图（Projected View）

在创建投射视图的过程中，系统显示投射线（Projection Line）。投射线可以捕捉水平方向、竖直方向、45°增量方向和平面的方向，也可以使用矢量构造器自定义投射方向。

3. 局部放大图（Detail View）

局部放大图包括"矩形边界" 和"圆周边界" 两种类型。在创建局部放大图时，需要在选中的父视图上确定一个中心点，然后推拽出一个圆形或者矩形。

任务 7.2 减速箱零件制图

7.2.1 箱盖零件图的创建

分别使用自包含方法和主模型方法完成图 7-16 所示的零件图。

学习目标

箱盖零件图的创建

- 学习如何使用"图纸"模板创建工程图。
- 学习如何进行制图参数(注释、视图、剖切面和视图标签)的预设置。
- 学习创建常用视图(基本视图、投射视图和剖视图)的方法。
- 学习视图中心线符号的标注和修改方法。
- 学习常用的制图标注(尺寸标注、公差标注和文本标注等)。

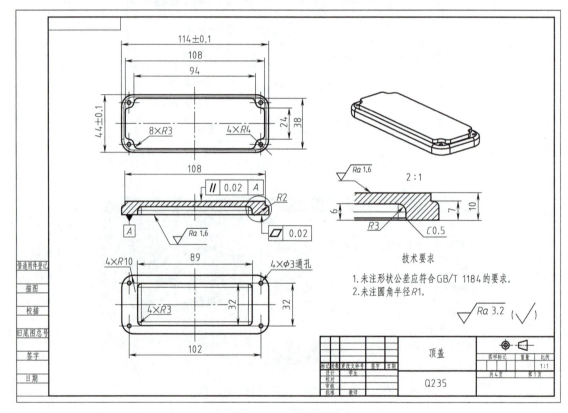

图 7-16 顶盖零件图

1. 创建零件图并设置可视化效果

1)将箱盖 xianggai 作为工作部件在新窗口打开,使用"图纸"模板新建一个文件,选择"A3-无视图"模板,单击"确定"按钮;取消勾选"视图创建向导"。

2)选择【首选项】/【可视化】命令,切换到"颜色/字体"选项卡,在"图纸和布局部件设置"栏设置背景色为白色;切换到"直线"选项卡,在"线宽"栏单击"重置为默认值"按钮,如图 7-17 所示。

2. 添加视图

1)添加基本视图:在【视图布局】工具条中单击"基本视图"按钮,接受默认视图(Top 视图),在图样左下方放置视图。完成之后系统自动切换到投射视图方式,如图 7-18 所示。

图 7-17 可视化首选项"直线"选项卡

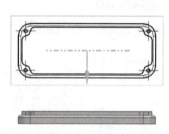

图 7-18 添加基本视图和投射视图

2)在俯视图边界上单击 MB3,在弹出菜单中选择【添加剖视图】命令,此时光标会变成剖切式样,选择其中一个外轮廓圆心,移动光标并确保捕获竖直投射方向,在视图上方的合适位置单击 MB1 放置视图。将标签和剖切符号隐藏,如图 7-19 所示。

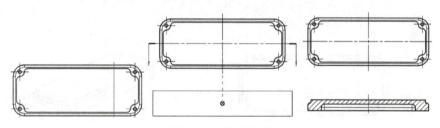

图 7-19 添加剖视图

3)右击左视图边界,选择【添加局部放大图】命令,弹出"局部放大图"对话框,在"类型"下拉列表框中选择"按拐角绘制矩形",设置"标签"为"无",在图 7-20 所示的

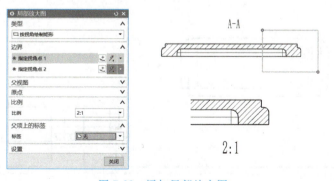

图 7-20 添加局部放大图

位置绘制矩形边界,移动光标到合适的位置并放置视图。

4)添加投射视图:在【视图布局】工具条中单击"投影视图"按钮 ,在"父视图"栏单击"选择视图",在绘图区选择剖视图,然后在图样左下方放置投射视图,如图 7-21 所示。

5)添加正三轴测图:在【视图布局】工具条中单击"基本视图"按钮 ,在"模型视图"栏"要使用的模型视图"下拉列表框中选择"正三轴测图",在图样右上方放置新视图,如图 7-22 所示。

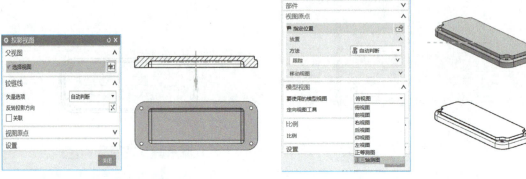

图 7-21　添加投射视图　　　　　　　图 7-22　添加正三轴测图

6)调整各视图的位置为图 7-23 所示的布局。

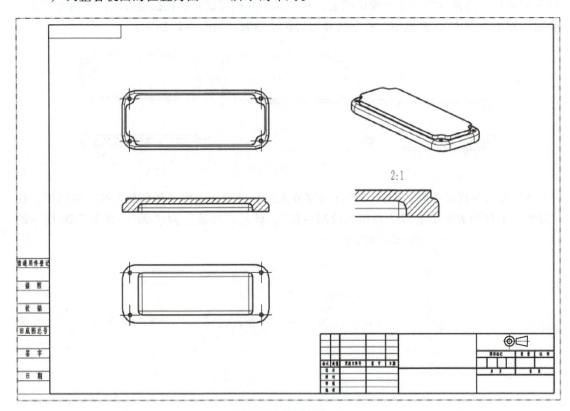

图 7-23　视图的放置

3. 插入中心线

1）添加线性中心线：在"注释"选项卡中打开"中心标记"下拉菜单 ⊕ ▼，选择"2D 中心线"，弹出"2D 中心线"对话框，选择"类型"为"根据点"，分别用 MB1 选择视图上、下边线的中点，单击"确定"按钮，如图 7-24 所示。

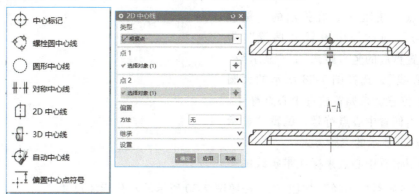

图 7-24 添加线性中心线

2）用同样的方法插入主视图和下方投射视图的线性中心线，如图 7-25 所示。

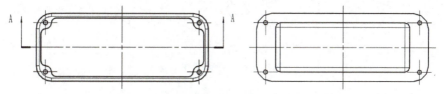

图 7-25 主视图和投射视图插入线性中心线

知识拓展——插入中心线

1. 插入螺栓圆中心线

可以通过两种方式来创建"完整螺栓圆" 和"部分螺栓圆" ：通过三点（Through 3 Points）和圆心（Center Point）。图 7-26a 所示为使用通过三点方式创建的部分螺栓圆符号，这种方法类似于三点绘制圆弧，至少需要三个已知圆心位置；图 7-26b 所示为以圆心方式创建的完整螺栓圆符号，这种方法类似于以圆心和圆上一点的方法绘制圆。

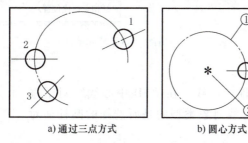

图 7-26 螺栓圆中心线

2. 偏置中心点（Offset Center Point）

偏置中心点一般用于表示大圆弧的中心位置，需要指定偏置方式、偏置距离和显示方式，其对话框选项如图 7-27 所示。

打开 drf_sym4，添加圆弧的偏置中心点。

1）在"实用符号"对话框中单击"偏置中心点"按钮 ，在弹出的"偏置中心点符号"对话框中设置"偏置"为"从某个位置算起的竖直距离"，"显示为"选择"中心线"，选择图 7-28 所示的大圆弧①，指定位置②来偏置放置中心点符号。

2）双击偏置中心点符号，编辑"显示为"为图 7-29 所示的三种方式。

3）利用偏置中心点来标注带折线的半径：单击"带折线的半径"按钮，按照图 7-30 所示的步骤标注尺寸。

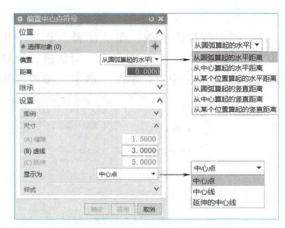

图 7-27 "偏置中心点符号"对话框选项

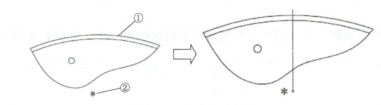

图 7-28 创建偏置中心点

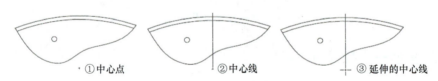

图 7-29 偏置中心点的三种显示方式

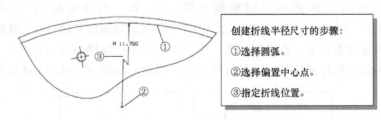

图 7-30 带折线的半径尺寸标注

创建折线半径尺寸的步骤：
①选择圆弧。
②选择偏置中心点。
③指定折线位置。

3. 3D 中心线

此功能为圆柱面创建线性中心线。在"3D 中心线"对话框选项中，用于定义圆柱面中心线对象类型的是所选择的圆柱面对象，如图 7-31 所示。

1）打开 drf_sym5，单击"实用符号"按钮，选择"3D 中心线"。

2）设置"点方式"为"圆柱面"，选择图 7-32a 所示的圆柱

图 7-31 "3D 中心线"对话框

面，在合适的位置指定图 7-32b 所示的两个点，用于限制中心线的长度。

a) 选择圆柱面　　　　　　　　　　b) 指定点

图 7-32　创建"圆柱面"方式的中心线

4. 尺寸标注

当选择一种尺寸约束类型之后，系统显示图 7-33 所示的"快速尺寸"对话框。在创建尺寸过程中，所做的任何设置都不会影响全局设置。当退出尺寸标注命令或者单击"重置"按钮后，系统会重置到默认状态。

当尺寸在预览状态时，单击 MB3 会弹出快捷菜单，利用这些菜单命令，用户可以快速设置当前的尺寸及其相关参数。

注意：双击一个尺寸进行编辑操作时，也会打开同样的对话框和 MB3 菜单。

图 7-33　"快速尺寸"对话框和 MB3 菜单

（1）标注自动判断尺寸

在【尺寸】工具条中单击"自动判断"按钮，完成以下尺寸的标注。

1）标注轮廓尺寸：选择剖视图上方边线→单击 MB3→移动光标到合适位置并单击 MB1 放置尺寸；在主视图选择上方边线→选择下方边线端点并单击 MB3→选择公差类型为"双向公差，等值"1.00±.05→单击 MB3→在弹出菜单中选择"公差"→输入公差为 0.1→按 <Enter> 键→移动光标到合适位置并单击 MB1 放置尺寸；在主视图选择左边线→选择右边线端点并单击 MB3→选择公差类型为"双向公差，等值"1.00±.05→单击 MB3→在弹出菜单中选择"公差"→输入公差为 0.1→按 <Enter> 键→移动光标到合适位置并单击 MB1 放置尺寸。用同样方法标注其他轮廓尺寸，如图 7-34 所示。

2）断开干涉中心线：在功能区的命令查找器中输入"用户定义符号"并搜索，在搜索结果中，单击"用户定义符号"或右击将其添加到功能区选项卡，然后在功能区中选用此命令。在"用户定义符号"对话框中，将"使用的符号来自于"设置为"实用工具目录"，设置文件选择 ug_default.sbf，符号选择 GAP06，"符号大小定义依据"设置为"长度

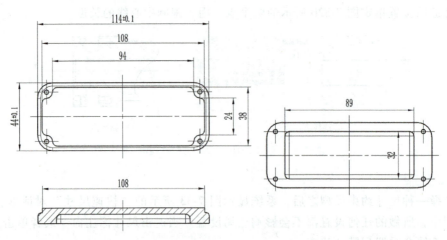

图 7-34　标注轮廓尺寸

和高度","长度"设为 10,"高度"设为 10,选择需要断开的中心线,单击 MB2,然后选择中心线上要断开的位置,单击"确定"按钮,如图 7-35 所示。

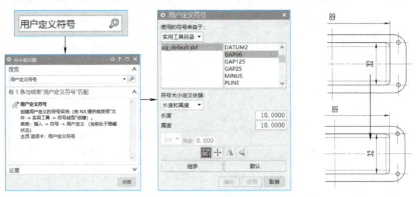

图 7-35　断开干涉中心线

3) 标注高度和深度尺寸:用同样的方法标注高度和深度尺寸,如图 7-36 所示。

4) 标注圆孔位置尺寸:用同样的方法标注圆孔位置尺寸,如图 7-37 所示。

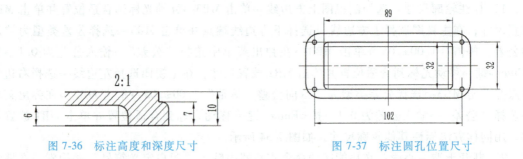

图 7-36　标注高度和深度尺寸　　　　　图 7-37　标注圆孔位置尺寸

5) 标注圆孔尺寸:单击"自动判断"按钮 →选择图 7-38 所示的圆,注意选择自动捕捉的圆心点→单击 MB2 或鼠标停留 1s,弹出"尺寸设置"面板→选择文本方位为水平 →单击右上方的"编辑附加文本" 按钮,弹出"附加文本"对话框→输入附加文本"4×"

→"文本位置"选择之后，输入附件文本"通孔"→移动光标到合适位置并单击 MB1 放置尺寸。

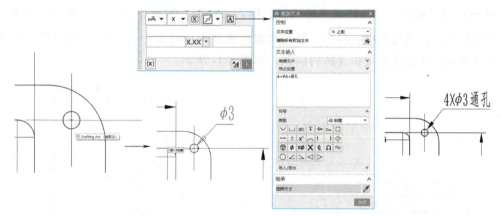

图 7-38　标注圆孔尺寸

6）标注圆角尺寸：选择图 7-39 所示各个圆角，使用同样的方法标注圆角的尺寸。

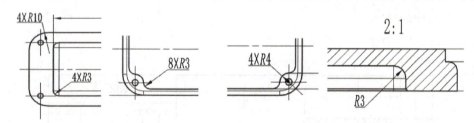

图 7-39　标注圆角尺寸

（2）标注倒角尺寸

单击"倒角"按钮，选择局部放大图上的一个倒角边，移动光标到合适的位置，并单击 MB1 放置尺寸，如图 7-40 所示。

5. 技术要求文本添加

1）方法 1：使用文本编辑器。单击"注释编辑器"按钮，输入技术要求文本，在合适位置单击 MB1 放置文本。

注意：标注引出文本：在放置文本时，在某个位置按住并拖动 MB1，即可产生引出文本，如图 7-41 所示。

图 7-40　标注倒角尺寸　　　　　　　　图 7-41　引出文本的标注

2）方法 2：使用技术要求库。在【制图工具-GC 工具箱】工具条中单击"技术要求库"按钮，在对话框中选择已有的技术要求文本或输入其他技术要求文本，在合适位置单击 MB1 来放置文本。完成后可以拖动鼠标将技术要求移动到其他位置，如图 7-42 所示。

6. 填写标题栏

选择功能区选项卡中的命令【标准化工具-GC 工具箱】/【属性工具】，打开图 7-43 所示的对话框。选择列表中的项目，输入属性值。模板标题栏已经预置了变量，因此相关信息会自动填写到标题栏中。通过功能区选项卡中的命令【注释】/【注释】可以输入注释文本，并拖动放置在合适的位置，如图 7-44 所示。

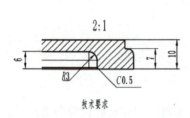

图 7-42　添加技术要求

图 7-43　"属性工具"对话框

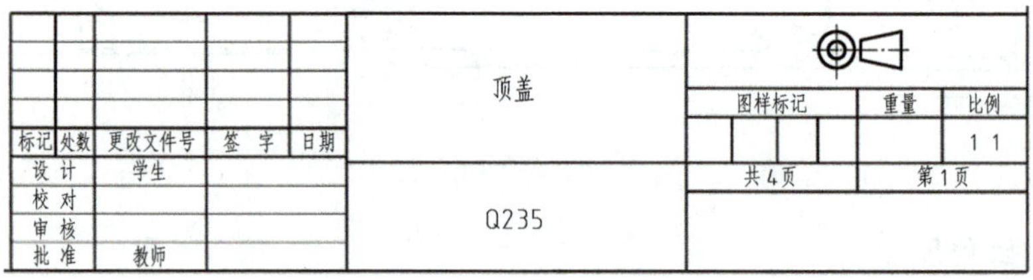

图 7-44　标题栏填写结果

7. 添加几何公差和表面粗糙度

（1）插入制图基准符号

1）插入基准 A 的符号：单击"基准特征符号"按钮，弹出"基准特征符号"对话框，如图 7-45a 所示，指引线类型为"基准"，输入字母 A，选择图 7-45b 所示的直线。拖动 MB1 到合适位置释放 MB1（在直线的两侧移动光标可能出现图 7-45c、d 所示的两种结果），单击 MB1 放置基准符号。

2）编辑基准符号的显示：选择基准 A 的符号→单击 MB3→设置→切换到"直线/箭头"选项卡→在"箭头"栏设置指引线线宽为 1→在"延伸线"栏在"带标志的指引线"中将"间隙"设为 1→单击 OK。

（2）标注几何公差

1）标注底面的平面度公差：在【注释】工具条中单击"特征控制框"按钮→选择"特性"为"平面度"，输入公差为 0.02→在剖视图中预选图 7-46 所示的底边→拖动光标一小段距离后释放 MB1→在"指引线"栏设置"短划线长度"为 5→移动光标到合适的位置

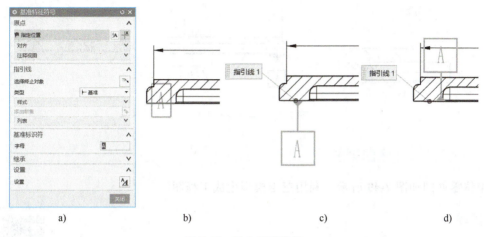

图 7-45 插入基准符号

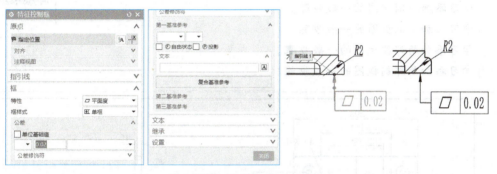

图 7-46 标注几何公差-平面度

（注意：引出线可以捕捉到竖直和水平方向）→单击 MB1 放置公差。

2）标注上表面的几何公差：在"特征控制框"对话框中选择"特性"为"平行度"，输入"公差"为 0.02，"第一基准参考"为 A，如图 7-47 所示。

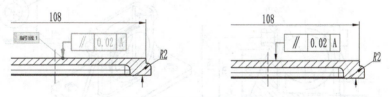

图 7-47 标注几何公差-平行度

注意：双击一个几何公差符号可以进行编辑操作。

（3）标注表面粗糙度

1）在直线或尺寸线上插入表面粗糙度符号：选择功能区选项卡的【注释】/【表面粗糙度符号】√→"属性"栏设置为"修饰符，需要出料"→在"放置符"栏输入 Ra 1.6→选择需要放置符号的直线或尺寸线→鼠标拖动以放置在合适的位置。

2）对于右下角其余表面粗糙度，单击"注释编辑器"按钮，输入 Ra 3.2，如图 7-48 所示。

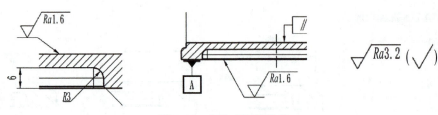

图 7-48 标注表面粗糙度

7.2.2 箱体零件图的创建

箱体零件图如图 7-49 所示,利用三维模型生成工程图。

学习目标

箱体零件图的创建

- 学习如何自动添加三视图。
- 学习添加全剖视图的一般步骤。
- 学习添加半剖视图的一般步骤。
- 学习添加局部放大图的一般步骤。
- 学习添加局部剖视图的一般步骤。

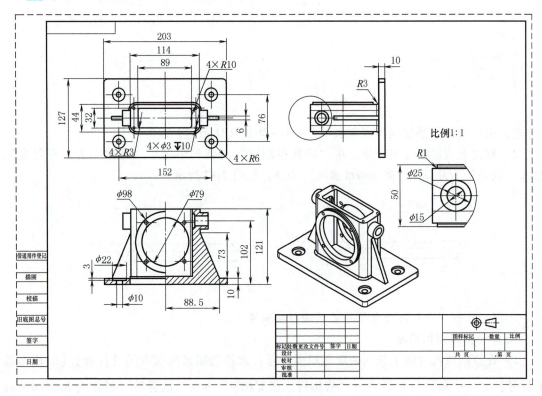

图 7-49 箱体零件图

1. 创建图样并添加标准视图

1)新建制图文件并加载图 7-49 所示的三维模型,启动制图应用。

2）选择【首选项】/【可视化】命令，在"颜色/字体"选项卡中设置背景色为白色，在"直线"选项卡中将"线宽"设置为"重置为默认值"。

3）添加标准视图：在功能区的"视图"选项卡中单击"视图创建向导"按钮，弹出的对话框如图 7-50 所示。在"布局"页选择或取消选择视图，设置如图 7-50 所示，在图样中间合适的位置单击 MB1 放置视图。

4）调整各视图的位置为图 7-50 所示的布局。

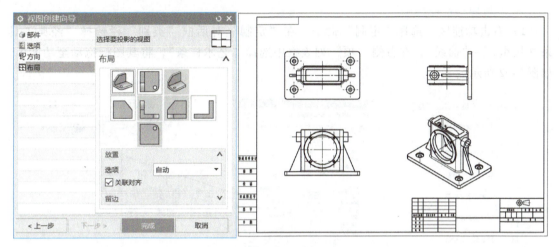

图 7-50　添加标准视图

2. 在已有视图上添加半剖视图

1）右击主视图边界→选择【添加剖视图】命令→在"剖视图"对话框"截面线"栏"方法"下列列表框中选择"半剖"→选择主视图侧边轮廓线中点为剖切位置，主视图下轮廓中点为折弯位置，如图 7-51 所示。

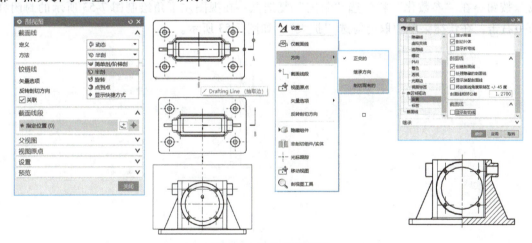

图 7-51　添加半剖视图

2）鼠标向下拖动，使剖切方向为 Y 轴负方向→右击弹出快捷菜单，在【方向】子菜单中选择【剖切现有的】→选择下方视图，单击关闭按钮。

3）右击半剖视图边界→选择视图设置→在"表区域驱动"的"设置"页取消勾选

"显示剖切线"复选框→在"表区域驱动"的"标签"页取消勾选"显示视图标签"复选框。

4)将半剖视图中圆上的中心标记和右侧两孔变成虚线的中心线删除→在"注释"选项卡中打开"中心标记"下拉菜单 ⊕ ▼→在下列菜单中选择"2D 中心线"→分别用 MB1 选择视图上、下轮廓的中点,确定→在下列菜单中选择"中心标记",选择右侧第一个孔中心并应用→再选择下一个孔中心,确定。

3. 添加局部剖视图

1)右击功能区,选择"定制"命令,在"定制"对话框"类别"栏选择"经典工具条(按组)"→"曲线",在右侧"项"列表框中选择"艺术样条",将其图标拖动至功能区,如图 7-52 所示。

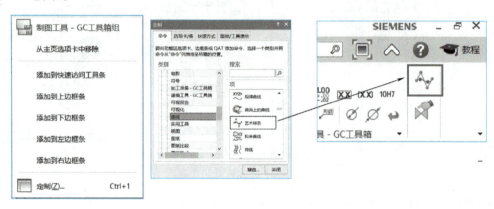

图 7-52 添加"曲线"图标

2)右击半剖视图边界→在弹出的快捷菜单中勾选"展开"→返回成员视图,单击"曲线"按钮→在"参数化"栏勾选"封闭"复选框→在视图左下角绘制图 7-53 所示的封闭样条→右击,在快捷菜单中取消勾选"扩大",如图 7-53 所示。

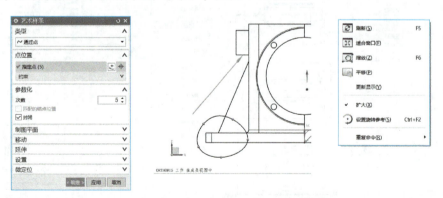

图 7-53 在成员视图中绘制局部剖视图边界

3)在功能区"视图"选项卡中单击"局部剖视图"按钮 →选择下方的半剖视图→选择主视图中左下孔中心作为基点→默认拉伸矢量为从孔中心向下,单击 MB2 确认→选择封闭样条作为边界→单击 MB2 确认,完成局部剖视图,如图 7-54 所示。

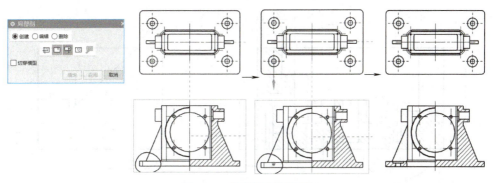

图 7-54 绘制局部剖视图

4. 添加圆形边界局部放大图

1）右击左视图边界，选择【添加局部放大图】命令。

2）确保"圆形边界"按钮 激活→指定右视图左侧的一个中心点，绘制一个圆并单击→移动光标到合适的位置并放置视图，如图 7-55 所示。

相关练习

打开配套资源中的文件 xiangti.prt，利用"图纸"模板创建图 7-49 所示的图样和视图。

知识拓展——其他视图

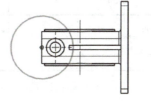

图 7-55 添加局部放大图

1. 采用几个平行剖切平面的剖视图

采用几个平行剖切平面的剖视图是在全剖视图的基础之上添加、删除和移动段，从而获得阶梯剖视效果，达到精简视图的目的。旧标准中称之为"阶梯剖视图"。根据下面的指导完成图 7-56 所示的剖视图创建。

操作指导

1）在制图环境创建图 7-56 所示的俯视图和等轴测视图。

2）在俯视图的边界上单击 MB3，选择【添加剖视图】命令。按照图 7-57 所示添加剖视图。

① 激活"圆心"捕捉点方式，选择最下面的小圆放置剖切符号。

② 确保视图对齐竖直投射方向→单击 MB3→选择【锁定对准】命令。

③ 单击 MB3，选择【添加段】命令，分别选择中间的圆心、等轴测视图中侧面的圆心，单击 MB2。

④ 在合适的位置单击 MB1 放置视图。

注意：在视图创建的过程中，可以使用【移动段】命令来选择并移动不合理的剖切段和转折段，也可以使用【删除段】命令来删除错误的剖切段。

在创建剖视图的过程中，可以使用剖视图工具来预览剖切结果，并可以指定剖视图的显示效果和视图方位，如图 7-58 所示。

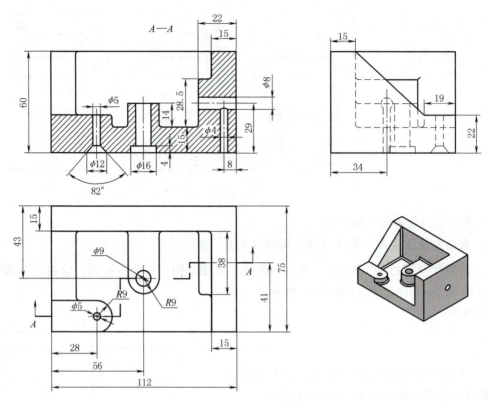

图 7-56　采用几个平行剖切平面的剖视图

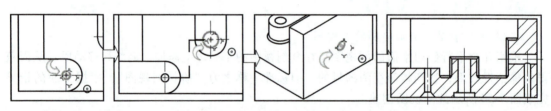

图 7-57　添加阶梯剖视图

图 7-58　剖视图工具

3）编辑视图的显示属性：双击刚刚完成的剖视图的边界→切换到"光顺边"选项卡→关闭"光顺边"选项→单击 OK。

2. 旋转剖视图（Revolved Section View）

旋转剖视图创建围绕圆柱形或锥形的公共轴旋转的剖视图，新标准（GB/T 4458.6—2012）中不再采用该名称。旋转剖视图可包含一个旋转剖切面，它也可以包含阶梯以形成多个剖切面。在任一情况下，所有剖切面都旋转到一个公共面来生成视图。根据下面的指导完成图 7-59 所示的旋转剖视图。

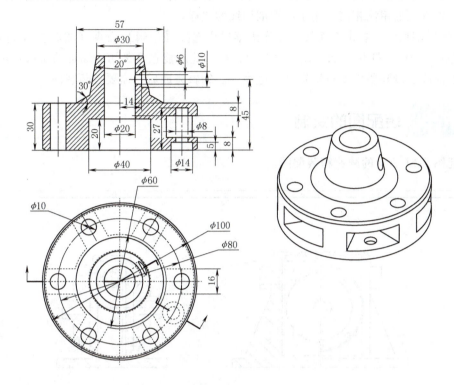

图 7-59　旋转剖视图

操作指导

1）首先在图样中放置俯视图并编辑视图式样，使隐藏边为虚线可见。

2）右击俯视图，在弹出菜单中选择【旋转剖视图】命令。

3）激活"圆心"捕捉点方式，选择圆①圆心定义旋转点。

4）通过选择圆②定义第一个分段→通过选择圆③定义第二个分段。

5）单击 MB3→添加段→选择分段 2→选择圆④。

6）单击 MB3→移动段→选择分段 2 的折弯段→拖动到合适的位置单击 MB1。

7）确保视图对齐竖直投射方向，在合适的位置单击 MB1 放置视图，如图 7-60 所示。

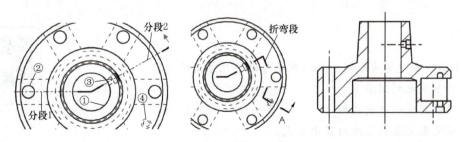

图 7-60　添加旋转剖视图

3. 编辑剖切线

1）编辑剖切线式样：在图形窗口中双击剖切线，打开"剖切线编辑"对话框，此功能与剖切线首选项的用法相同，用于编辑剖切线的式样。

2）编辑剖切线：右击剖切线，在弹出菜单中选择【编辑】命令（或者在【编辑】/【视图】菜单中选择），打开"剖切线编辑"对话框。此功能包含剖切线编辑的所有选项，如移动段、添加段、删除段以及重新定义铰链线等。编辑完成后，需要更新视图。

任务 7.3　装配图的绘制

创建图 7-61 所示的减速箱装配图。

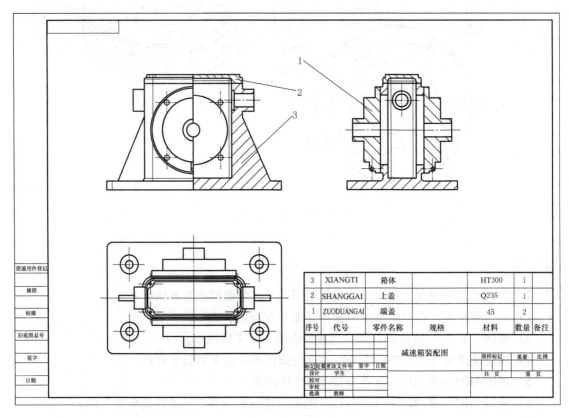

图 7-61　减速箱装配图

学习目标

本节通过减速箱装配图的绘制来学习以下几方面的内容。

- 添加装配到制图中。
- 在装配中创建剖视图。
- 定义装配图剖面线的显示方式。
- 编辑明细表以及在视图上自动标号。

装配图的绘制

1. 使用装配制图模板创建制图

NX 的"装配"模板可以自动生成明细表，但是必须为每一个主模型文件（零件）添加标准的属性。

1）打开发动机装配文件，分别设置每一个零件（标准件除外），使用 GC 工具箱为它们添加属性值，一般需要包含装配明细表需要的一些属性，如"名称""材料""图号"等。

2）新建装配制图：启动制图环境，在【图纸】工具条中单击"新建图纸"按钮，在对话框中选择"A3-装配"模板。

2. 编辑默认明细表或新建明细表

（1）编辑"装配"模板自带的明细表

注意：新建图样后，系统会根据第一步设置的属性自动生成符合 GB 的明细表。系统在默认的状态下，会将所有的子装配和零件都列于明细表中，下面将利用"编辑层"工具删除这些子装配。

1）编辑明细表的显示级别：设置 170 层为可选择层→选择整个明细表（控制手柄在表格的左上角）→在表格上单击 MB3→选择【编辑层】命令→在"编辑级别"工具栏中单击"仅枝叶"按钮 ，如图 7-62 所示→单击 ✓ 接受设置。

图 7-62 "编辑级别"工具栏

2）调整行位置：选择螺钉等标准件所在的行→单击 MB3，在弹出菜单中选择【附加/拆离行】命令，则此行内容被调整到表格最后一行。

（2）新建明细表

注意：系统在默认的状态下，一个制图文件只能有一个明细表。如需多个明细表，可修改 UGII_UPDATE_ALL_ID_SYMBOLS_WITH_PLIST 变量。在默认情况下打开"装配"模板文件后，用户需要先将默认的明细表删除，才能新建一个新的明细表。

1）在功能区单击"表"中的"零件明细表"按钮 →鼠标拖动后单击放置到合适位置。

2）右击明细表，选择【选择】/【列】命令→继续右击，选择【插入】/【在右边插入列】命令。以上述方法插入列，并在明细表中双击修改相应文本，定制的明细表如图 7-63 所示。

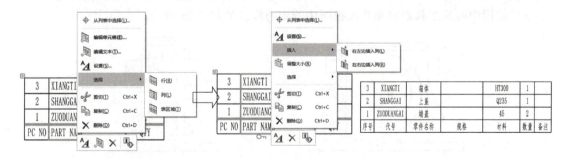

图 7-63 定制新的明细表

3）右击明细表左上角（明细表的控制手柄在表格的左上角），在弹出菜单中选择【设置】命令，在"公共"的"表区域"中将"格式"栏"对齐位置"设置为"右下"；右击明细表左上角,选择【单元格设置】命令,在"公共"的"单元格"中将"格式"栏"文本对齐"设置为"中心"。

4)右击明细表左上角,选择【原点】命令,在"原点工具"对话框中选择"点构造器",选择标题栏右上角的位置,将明细表放置在合适的位置。最后调整各栏的宽度,如图 7-64 所示。

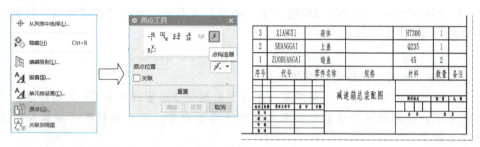

图 7-64　调整明细表位置和各栏宽度

3. 添加基本视图

使用基本视图和投影视图工具添加图 7-65 所示的视图,比例设置为 1∶1.5。

4. 在原视图上创建半剖视图和全剖视图

1)在主视图上创建半剖视图:在俯视图上单击 MB3→选择【添加剖视图】命令→在"剖视图"对话框中将"截面线"栏的"方法"设置为"半剖"→选择俯视图侧边轮廓线中点和下轮廓线中点,分别设为剖切位置和折弯位置→右击弹出快捷菜单,在"方向"菜单中选择"剖切现有的"→选择主视图,关闭对话框。

2)在左视图上创建全剖视图:在左视图上单击 MB3→选择【添加剖视图】命令→在"剖视图"对话框中将"截面线"栏的"方法"设

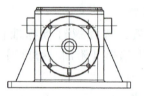

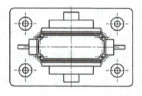

图 7-65　添加视图

置为"全剖"→选择主视图大圆圆心作为剖切位置,移动光标至合适位置后单击生成剖切视图→右击,在"方向"下拉列表中选择"剖切现有的"→选择左视图,关闭对话框。

3)使用中心线工具添加和修改视图中的中心线,如图 7-66 所示。

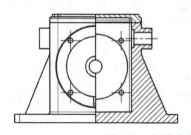
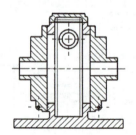

图 7-66　创建半剖视图和全剖视图

5. 编辑剖面线式样

1)在左视图边界上单击 MB3→在弹出菜单中选择【设置】命令→在"表区域驱动"

的"设置"页勾选"装配剖面线"→单击 OK，则剖面线显示装配式样。

2）在剖面线上单击 MB3→在弹出菜单中选择【编辑】命令→在"设置"栏将"距离"改为 5。

6. 自动标号

在【首选项】/【制图】中将箭头设置为"填充原点"。

右击明细表，在弹出菜单中选择【自动符号标注】命令，然后拖动标号到合适的位置，如图 7-67 所示。

7. 图样的输出

（1）图样的数据转换输出

1）打开已完成的一个制图文件，并启动制图环境。

2）选择【文件】/【导出】/【AutoCAD DXF/DWG】命令，打开图 7-68 所示的"导出向导"对话框。

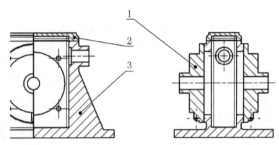

图 7-67　自动标号

图 7-68　"导出向导"对话框

3）设置"输入和输出"页：

① "导出自"默认选择"显示部件"。

② "导出至"默认选择 DWG。

③ "导出为"默认选择 2D。

④ "输出至"默认选择"建模"。

4）设置"要导出的数据"页：

① "要导出的数据"默认选择"图纸"。

② "导出"默认选择"当前图纸"。

③ 其余选项也都使用默认设置。

5）单击 OK，系统开始导出文件。

（2）PDF 图样输出

选择【文件】/【导出】/【PDF】命令，打开图 7-69 所示的对话框。在此对话框中可以选择需要导出的图样，设置颜色、线宽、比例等打印属性，比例因子决定了粗细实线的显示比例，指定文件的保存路径，单击"确定"按钮即可导出 PDF 图样。

图 7-69　PDF 图样输出

项　目　小　结

本项目主要学习了 UG NX 制图模块的基本应用。在制图过程中，应该特别重视制图模板的使用，这会大大提高制图效率。建议读者根据实际需要制作各种制图模板，并在建模和制图时使用模板来完成大部分通用操作。

思考与练习

问答题

1. 使用哪一个命令创建阶梯剖视图？创建步骤如何？
2. 自动推断尺寸标注可以标注哪些类型的尺寸？请举例说明。
3. 如何编辑剖视图中剖面线的图样、角度和显示比例？
4. 使用哪一个命令标注表面粗糙度符号，如何启动这一命令？
5. 如何将 UG NX 的工程图输出到 AutoCAD 中（提示：文件/导出/2D 转换）？
6. 如何创建个性化的明细表模板（提示：修改明细表后另存为模板）？
7. 创建 GB 制图模板 A0、A1、A2、A3、A4，并将它们置于资源条中。
8. 打开活塞零件 piston.prt，利用制图模板完成零件图。

项目 8 曲面产品设计实践——汤匙建模

【项目介绍】

本项目将介绍 UG NX 曲面建模的基本功能，主要包括曲线的构造、主曲面的构造、过渡曲面的构造以及曲面操作与编辑的一般方法。许多零件对尺寸要求不高，但要求表面连接光顺，此类零件的设计单靠实体造型是难以实现的，需要利用曲面特征造型的相关命令来完成。此外，对复杂零件的设计也可以采用实体和曲面建模混合的方式，用实体造型方法创建零件的基本形状，用曲面建模的方法创建实体造型难以实现的形状，并与实体特征进行各种操作和运算，达到零件或产品设计要求。

【项目目标】

通过曲面建模的实战训练，引导读者将曲面功能应用到实际设计过程之中，并掌握曲面建模的各种操作技巧。
- 实践项目 1：五角星建模。
- 实践项目 2：连接器建模。
- 实践项目 3：饮料瓶建模。
- 实践项目 4：汤匙建模。

【项目相关知识点】

- 曲面建模的概念和术语。
- 曲面建模的一般流程。
- 曲面建模的共同参数设置。
- 曲面建模常用的命令。

任务 8.1 初识 UG NX 软件曲面建模

8.1.1 了解曲面建模的概念和术语

1. 体的类型

曲面的构造结果有别于成型特征的建模，其结果可能是片体（Sheet），也有可能是实体（Solid）。体的类型取决于建模参数预设置和建模条件。如果建模首选项中的体类型设置为片体，则一般建模结果为片体；如果此选项设置为默认的实体，当满足以下条件时，建模结果为实体。

1）体在两个方向上封闭。

2）体在一个方向上封闭，另一方向的两个端面为平面。

2. UV 网格与等参数曲线

一个曲面在数学上是用 U（行）和 V（列）两个方向上的参数定义的，如图 8-1 所示。等 U、V 向的网格线称为"等参数曲线"，它们用于在"静态线框"着色模式下显示曲面形成过程，对曲面特征没有影响。系统默认不显示网格线，可以通过"编辑对象显示"功能设置 U、V 网格线的数量。

3. 曲线或曲面的连续性

连续性用来描述曲线或曲面连接处的实际连续程度，曲面建模中常见的三种连续性是 G0、G1 和 G2，如图 8-2 所示。

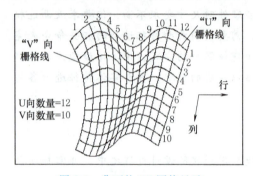

图 8-1　曲面的 UV 网格显示　　　　　图 8-2　曲线或曲面的连续性

1）G0：表示两个对象相连或两个对象的位置是连续的，它们没有缝隙，完全重合。

2）G1：表示两个对象光顺连接，"1"表示一阶微分连续，一般称为"相切连续"。

3）G2：表示两个对象光顺连接，"2"表示二阶微分连续，一般称为"曲率连续"。

在一般的产品设计中，G1 连续就能满足功能需要。但是有些产品不仅需要满足功能上的需求，还对产品的外观有同等重要的需求，此时需要曲面做到 G2 或以上级别。

4. 曲线或曲面的阶次（Degree）

阶次是一个数学概念，用于定义曲线或曲面多项式方程的最高次数，对于曲面而言包含 U、V 两个方向的阶次。UG NX 允许定义最高 24 阶的曲线或曲面，但阶次越高、越复杂，系统计算时间越长，因此一般建议做三阶曲线和曲面。如果需要做到曲率连续，建议使用五阶。

8.1.2　了解曲面建模的一般过程

图 8-3 表达了曲面建模的一般过程。

1. 建立构造曲线

在设计产品时，应该首先根据外形的要求建立构造曲线，这可以使用【草图】和【曲线】功能。对于平面形状一般建议使用草图构建；空间或自由曲线则由曲线构建。对于更容易表达产品外形的样条曲线需要进行形状分析（如曲率、阶次和分段等）。高质量的曲线是创建高质量曲面的前提，因此在建立构造曲线时应该尽可能仔细精确，避免缺陷（如曲线重叠、交叉、断点等），否则会造成后续建模的一系列问题。

2. 构造主片体

使用构造曲线建立主要片体或大面积的片体。主要包括以下几种曲面类型：直纹曲面、通过曲线组曲面、通过曲线网格曲面和扫掠曲面等。

3. 构造过渡片体

使用各种过渡方法连接和光顺处理主片体，构造过渡片体。常见的曲面过渡方法包括

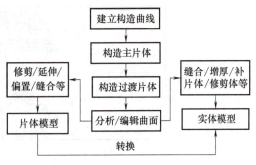

图8-3 曲面建模的一般过程

各种倒圆功能（边倒圆、面倒圆和软倒圆等）、桥接曲面、截面（Section）和N边曲面等。过渡曲面最主要的要求是表面光顺、外形美观。

4. 分析/编辑曲面

利用表面分析工具检查曲面的变形、波动和缺陷等，系统利用各种色彩直观显示分析结果。通过【分析】/【形状】/【面】命令可以访问表面分析工具，包括半径分析、反射分析、斜率分析和距离分析，其中最为常用的是反射分析和半径分析。如果对分析结果不满意，可以对曲线或者曲面进行编辑，直到获得最佳结果为止。

5. 片体的操作

曲面可以进行偏置、修剪、延伸和缝合等操作，而一般建模要求最后的结果为实体，这可以通过以下几种方式实现。

1）Trim body：使用片体修剪实体以获得实体上的曲面形状。
2）Patch body：利用补片体功能在实体上进行修补操作。
3）Sew：对于闭合的片体进行缝合操作以获得实体。
4）Thicken Sheet：对片体进行增厚以获得实体。

8.1.3 了解曲面建模的共同参数

1. 距离公差

所有使用"逼近"方式的建模方法都需要指定"距离公差"。距离公差是指理论对象与系统实际所创建对象之间的最大允许距离。距离公差的默认值会继承建模首选项中的设置，通常的设置范围可以从 0.001mm 到 0.1mm，一般建议设置为 0.01mm。

注意：保留形状：选中此选项用于保留陡峭边，覆盖逼近输出曲面的默认值，从而获得剖面线串的精确对齐，只有"参数对齐"和"根据点对齐"方式可以使用此选项。

2. 线串的选择

许多曲面建模功能需要选择线串，线串可以包括边缘、曲线、表面和点等类型。当选定了每条剖面线串时，单击MB2以结束选择。此时某些类型的线串将显示矢量箭头，此矢量以选择时光标最靠近的线段端点作为起点，指向此线段的终点。矢量用来排列剖面线串，以防止得到扭转体，如图8-4所示。当选择表面的边作为线串时，起始对象是离选择面的位置最近的边缘，如图8-5所示。

注意：每个剖面线串的起点和终点是自动点对齐的。

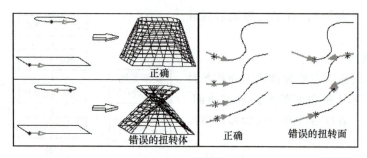

图 8-4　矢量方向对建模结果的影响

3. 对齐方式

许多主曲面建模功能（如直纹曲面、通过曲线组曲面、扫掠曲面以及艺术曲面等）提供了剖面线串的多种对齐方式，这些对齐方式可以根据剖面线串的具体构成情况合理选择，并由此获得高质量的曲面。对齐方式主要包括参数、弧长、根据点、距离和角度对齐等。

1）参数对齐：沿定义线串等参数间隔等参数线通过的点，系统充分考虑组成线串的每段曲线。参数对齐一般适用于每组剖面线串参数分布均匀的情况。

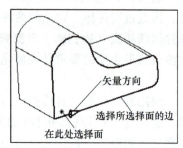

图 8-5　选择表面的边作为线串

2）弧长对齐：沿定义线串等弧长间隔等参数线通过的点。系统将所定义线串作为一条曲线进行近似处理。弧长对齐一般适用于线串参数分布不均匀的情况。

3）根据点对齐：使不同外形的剖面线串之间通过指定的点对齐，是一种可以手动动态调节的对齐方式。

8.1.4　了解曲面建模的常用命令

1. 直纹曲面

利用两组剖面线串构造简单的直纹曲面特征，如图 8-6 所示。直纹形状是剖面线串之间的线性过渡建模方式。这种方法可以指定第一条线串为一点。

2. 通过曲线组曲面

通过同一方向上的一组剖面线串构造通过曲线组曲面，如图 8-7 所示。在创建通过曲线组曲面时应该注意以下要点。

1）按照一定的顺序选择线串，同时注意选择正确的起点位置以使曲线矢量方向一致。

2）当创建图 8-8 所示的封闭曲面时，需要选中对话框中的"V向封闭"选项。

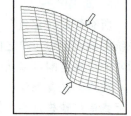

图 8-6　直纹曲面

3）剖面线串的第一条和最后一条可以指定与边界面的约束连续性，如图 8-9 所示。

3. 通过曲线网格（Through Curves Mesh）

通过在两组不同方向上的曲线网格生成体。如图 8-10 所示，其中第一方向上的曲线组称为主线串（Primary String），另一方向上的曲线组称为交叉线串（Cross Curve）。

在使用网格曲面时需要注意以下一些要点。

1）需要保证主线串的起点和方向一致。
2）第一条和最后一条主线串可以定义为点。
3）主线串和交叉线串的最外侧边界曲线会相互裁剪成为拐角。
4）当主线串都是封闭的曲线时，如果希望获得封闭的形体，需要重复选取第一条交叉线串作为最后一条交叉线串。
5）可以在网格曲面的四条边界上分别指定其与相邻边界面的连续性约束。
6）当主线串与交叉线串不相交时，只有"相交公差"大于两组线串之间的间隙时才能创建曲面，并利用强调方式来决定曲面通过的位置。如图 8-11 所示，①为主线串，②为交叉线串，③④⑤分别表示强调"主线串"、"二者"和"交叉线串"三种构面情况。

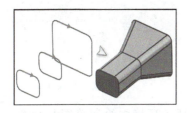
图 8-7　通过曲线组曲面

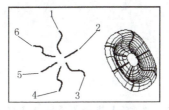
图 8-8　V 向封闭

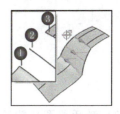
图 8-9　添加边界面约束

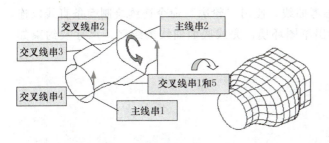
图 8-10　网格曲面示例

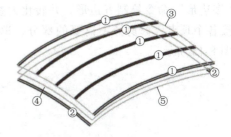
图 8-11　相交公差与强调方式

8.1.5　了解曲面建模的曲线

NX 的曲线特征主要包括绘制曲线、来自曲线集的曲线和来自体的曲线三种类型。其中，绘制曲线一般用于构造三维空间少量的空间曲线，另两类曲线可以作为关联曲线，如投射、偏置曲线、修剪曲线、相交曲线和桥接曲线等。

任务 8.2　曲面建模命令应用

任务分析

本任务主要通过五角星、连接器、饮料瓶三个典型案例来学习应用曲面设计的流程，使用曲线构造命令绘制出曲面建模所需的曲线，最后使用直纹面、通过曲线组、通过曲线网格等命令设计出曲面模型。

8.2.1 五角星建模

五角星的建模主要包含绘制底面曲线、插入顶部点、应用直纹面或者通过曲线组命令创建 3D 建模三个步骤,如图 8-12~图 8-14 所示。

五角星

1. 使用草图绘制底面曲线

1) 创建文件:单击"新建"按钮或者选择【菜单】/【文件】/【新建】命令,弹出"新建"对话框,"单位"选择"毫米",输入"名称"为"五角星.prt",保存文件夹位置自定,单击"确定"按钮。

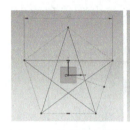
图 8-12 绘制底面曲线

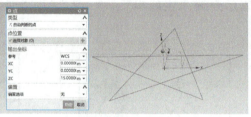
图 8-13 插入顶部点

图 8-14 生成的直纹曲面

2) 激活草图功能绘制草图:选择【菜单】/【插入】/【在任务环境中绘制草图】命令,弹出"创建草图"对话框,单击"确定"按钮,系统将默认选择 XY 平面绘制草图。应用"多边形"命令绘制五边形,并转化为参考曲线,使用"轮廓"命令连续绘制 5 条直线以连接各个顶点,修剪掉不需要的部分,退出草图环境,完成底面曲线的绘制,尺寸及约束如图 8-15 所示。

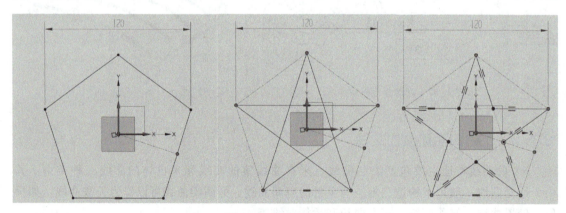
图 8-15 绘制底面曲线

2. 插入顶部点

选择【菜单】/【插入】/【基准/点】/【点】命令,弹出"点"对话框,选择"输出坐标"栏"参考"为 WCS,输入 XYZ 坐标"0,0,15",单击"确定"按钮完成顶部点的构造,如图 8-16 所示。

3. 创建 3D 模型

选择【菜单】/【插入】/【网格曲面】/【通过曲线组】命令,或者单击"曲面"选项卡"曲面"面板中的"通过曲线组"按钮,弹出"通过曲线组"对话框,选择顶部点作为剖面线串 1，单击 MB2，选择五角星曲线（已连接的曲线），选择"参数"对齐方式，勾选"保留形状"选项，单击"确定"按钮，完成五角星实体的创建，结果如图 8-17 所示。

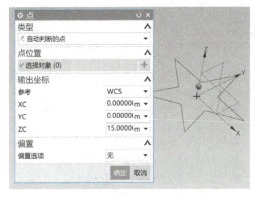
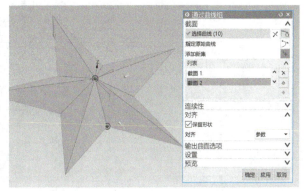

图 8-16　插入顶部点　　　　　　　　图 8-17　应用"通过曲线组"命令

> **小课堂：中华人民共和国国旗与五角星**
>
> 中华人民共和国国旗为五星红旗，长方形，红色象征革命，长与高之比为 3∶2，旗面左上方缀黄色五角星五颗，象征共产党领导下的革命人民大团结，黄色象征红色大地上显出光明。一星较大，其外接圆直径为旗高的 3/10，居左；四星较小，其外接圆直径为旗高的 1/10，环拱于大星之右，并各有一个角尖正对大星的中心点，表达亿万人民心向伟大的中国共产党，如似众星拱北辰，设计者是曾联松。

8.2.2　连接器建模

如图 8-18 所示，连接器是由三个截面控制的曲面体，通过应用通过曲线组命令练习不同截面曲线类型的曲面设计，重点体会截面对齐方式和保留形状对曲面质量的影响。连接器的建模主要包含绘制截面曲线、应用通过曲线组命令创建实体三个步骤。

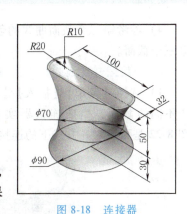

图 8-18　连接器

1. 绘制截面曲线

1）创建文件：选择【菜单】/【文件】/【新建】命令，"单位"选择"毫米"，输入"名称"为"连接器.prt"，保存文件夹位置自定，单击"确定"按钮，完成文件创建。

2）激活草图功能，绘制由直线和圆弧构成的一个截面曲线：选择【菜单】/【插入】/【在任务环境中绘制草图】命令，在系统将默认选择的 XY 平面上绘制第一个截面曲线，建议先绘制第一个截面曲线的四分之一，然后应用"镜像曲线"功能，经过两次镜像获得完整的截面曲线，绘制过程如图 8-19 所示。

3）在与第一个截面曲线距离 50 的平面上绘制直径 70 的截面圆：系统默认整圆作为截面曲线时，起点是其所在平面的第一个轴与其相交的点。为获得与第一个截面相对应的曲线对齐点，可以利用第一个截面曲线的端点作为圆的分割点来绘制多段圆弧，然后同样使用镜像曲线的方法获得完整的第二个截面曲线，绘制过程如图 8-20 所示。

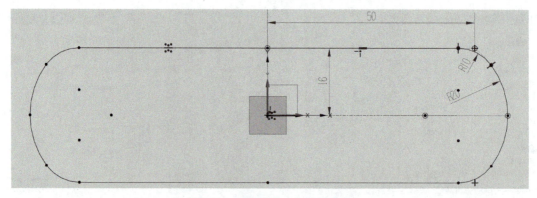

图 8-19　连接器第一个截面曲线

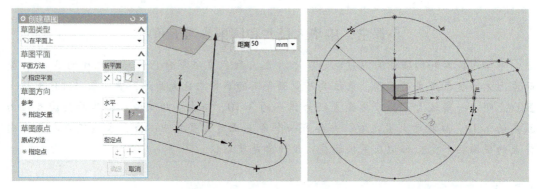

图 8-20　连接器第二个截面曲线

4) 参考第二个截面曲线的创建过程，在与第二个截面距离 30 的平面上绘制直径 90 的第三个截面。

2. 应用通过曲线组命令创建实体

1) 选择【菜单】/【插入】/【网格曲面】/【通过曲线组】命令，依次在相同起点处选择三个不同的截面，生成连接器实体。图 8-21 是参数对齐方式下保留形状的连接器表面，图 8-22 是弧长对齐方式下的连接器表面。读者可以自行尝试根据点等其他方式。

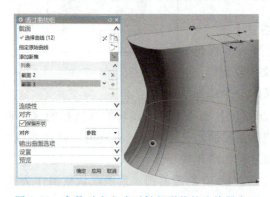

图 8-21　参数对齐方式下保留形状的连接器表面

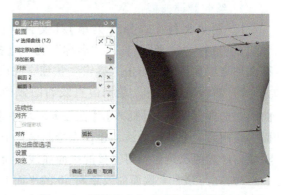

图 8-22　弧长对齐方式下的连接器表面

注意： 为了更加准确地比较不同对齐方式下的曲面质量，可以使用【菜单】/【分析】/【形状】/【反射】命令，或者单击"分析"选项卡"面形状"面板中的"反射"按钮，选择连接器曲面，通过观察连接曲面黑白条纹来判断曲面的光顺性，如图 8-23 和图 8-24 所示。通过观察可知，弧长对齐方式下的曲面质量最高。

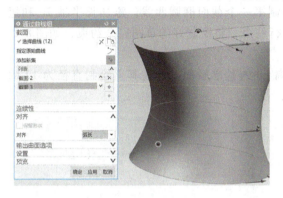 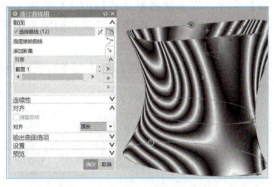

图 8-23 参数对齐方式下保留形状的连接器表面质量　　图 8-24 弧长对齐方式下的连接器表面质量

2) 选择【菜单】/【插入】/【偏置/缩放】/【抽壳】命令，选择上下底面，生成厚度为 2 的连接器，完成零件建模，如图 8-25 所示。

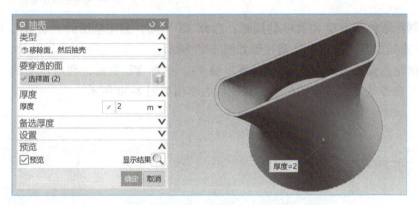

图 8-25 抽壳完成后的连接器实体

8.2.3 花瓶建模

花瓶的建模思路是通过应用草图曲线绘制出框架曲线，然后使用通过曲线网格命令构造出花瓶实体，利用抽壳命令完成花瓶创建。在创建花瓶框架曲线的时候，可以使用草图中的交点功能，保证截面曲线和交叉线的相交，使用镜像曲线的功能快速绘制出对称的曲线。花瓶的主要尺寸如图 8-26 所示，其他所缺尺寸读者自定。

花瓶

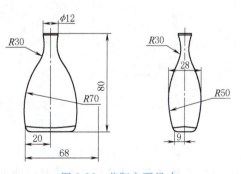

图 8-26 花瓶主要尺寸

1. 绘制截面曲线

1）创建文件：选择【菜单】/【文件】/【新建】命令，"单位"选择"毫米",输入"名称"为"花瓶.prt",保存文件夹位置自定,单击"确定"按钮,完成文件创建。

2）激活草图功能,绘制花瓶底部椭圆：选择【菜单】/【插入】/【在任务环境中绘制草图】命令,在系统将默认选择的 XY 平面上绘制第一个截面椭圆曲线,添加长半轴 20 和短半轴 9 的尺寸约束,选择水平轴和椭圆添加平行约束,将绘制好的草图完全约束,如图 8-27 所示。

3）绘制花瓶顶部圆：创建与 XY 平面距离 80 的基准平面,并在其上绘制直径为 12 的圆,如图 8-28 所示。

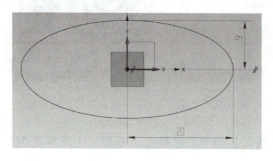
图 8-27　花瓶底部椭圆

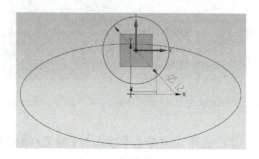
图 8-28　花瓶顶部圆

4）绘制花瓶侧面 R70 和 R30 的圆弧：选择 ZX 平面,利用草图的"交点"和"镜像草图"命令快速完成草图绘制,绘制过程如图 8-29 所示。

5）绘制花瓶侧面 R50 的圆弧：参照步骤4),选择 YZ 平面,利用草图的"交点"和"镜像草图"命令快速完成草图绘制,完成后的草图如图 8-30 所示。

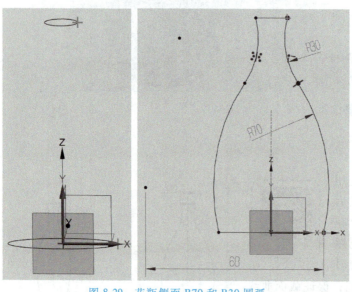
图 8-29　花瓶侧面 R70 和 R30 圆弧

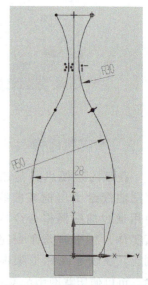
图 8-30　花瓶侧面 R50 圆弧

2. 应用通过曲线网格命令创建花瓶实体

1）选择【菜单】/【插入】/【网格曲面】/【通过曲线网格】命令,如图 8-31 所示,依次选择底部椭圆和顶部圆为主曲线 1 和主曲线 2，依次选择图 8-32 中的交叉曲线 1~4，其中第 1 交叉曲线也是第 5 交叉曲线。完成通过曲线网格构造花瓶实体。

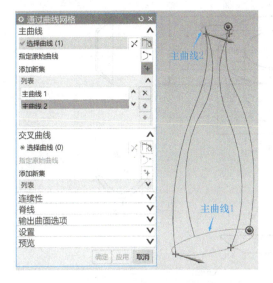

图 8-31　花瓶主曲线选择示意图

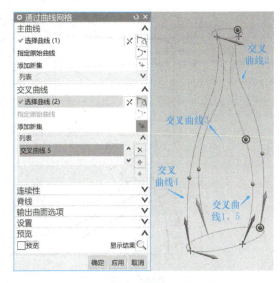

图 8-32　花瓶交叉曲线选择示意图

2）选择花瓶底部边缘倒圆角 R3，如图 8-33 所示。使用抽壳命令，选择顶部面，抽壳厚度为 1，移除花瓶顶部面，完成花瓶实体构造，如图 8-34 所示。

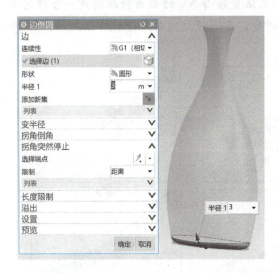

图 8-33　花瓶底部倒圆角 R3

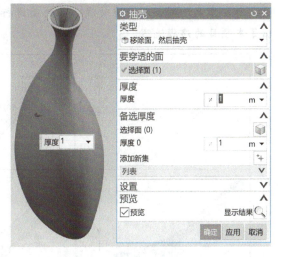

图 8-34　花瓶抽壳

任务 8.3　曲面建模综合应用——汤匙的建模

任务分析

汤匙的工程图如图 8-35 所示，按照工程图完成其三维建模和表面光顺。

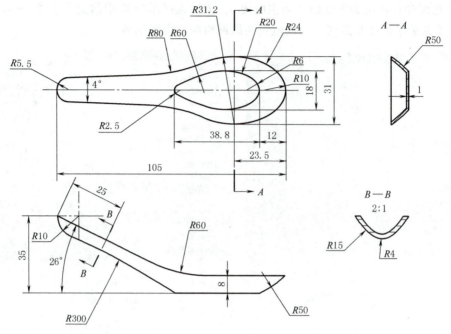

图 8-35 汤匙工程图

汤匙建模的难点是汤匙侧面曲面的构造。由于侧面的造型不属于标准的曲面特征（一般由四边构成的曲面较容易获得高质量曲面），无法直接由 NX 的曲面特征构建出合理的曲面，所以需要绘制合理的辅助线，对曲面进行拆分，本例将介绍其中一种方法。图 8-36 给出了本项目的建模流程。

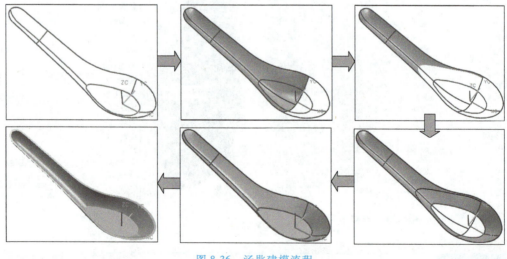

图 8-36 汤匙建模流程

8.3.1 汤匙建模应用命令

1. "组合投影"命令

此功能常用于利用两组在正交平面内的 2D 曲线组合生成正交方向上的 3D 曲线，如

图 8-37 所示。

2. "桥接曲线"命令

使用"桥接曲线"命令可以在两曲线、点、曲面或曲面边之间构造相切或曲率连续的样条曲线,一般用于构造过渡线框,如图 8-38 所示。

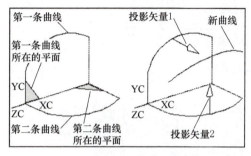

图 8-37 组合投影

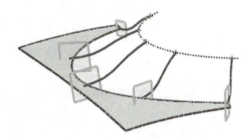

图 8-38 桥接曲线

8.3.2 创建汤匙线框和建模辅助线

1. 创建汤匙文件

选择【菜单】/【文件】/【新建】命令,"单位"选择"毫米",输入"名称"为"汤匙.prt",保存文件夹位置自定,单击"确定"按钮,完成文件创建。

汤匙曲线

2. 构造汤匙顶部线框

1)设置 21 层为工作层,绘制汤匙顶面投射轮廓:选择【菜单】/【格式】/【图层设置】命令,在弹出的"图层设置"对话框的"工作层"中输入 21;或者在"视图"选项卡"可见性"面板中的工作层文本框,输入 21,设置 21 层为工作层。在基准坐标系的 XY 基准平面上利用镜像曲线功能快速创建图 8-39 所示的汤匙顶面投射轮廓。

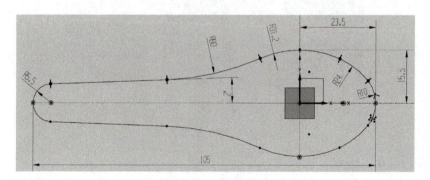

图 8-39 汤匙顶面投射轮廓

2)设置 22 层为工作层,绘制汤匙侧面投射轮廓:在基准坐标系的 ZX 基准平面上利用镜像曲线功能快速创建图 8-40 所示的汤匙侧面投射轮廓。

3)设置 41 层为工作层,使用"组合投影"功能创建顶部和侧面两组草图曲线的组合投射曲线,结果如图 8-41 所示。

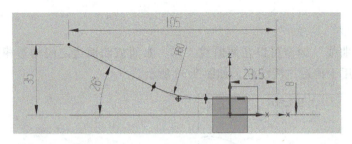

图 8-40　汤匙侧面投射轮廓

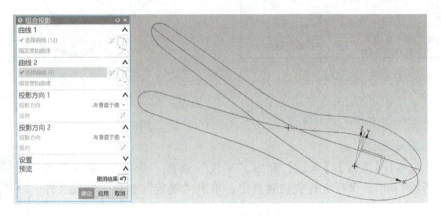

图 8-41　组合投射曲线

3. 构造汤匙底部线框

设置 23 层为工作层，绘制汤匙底部轮廓：关闭 22 层和 41 层，设置 23 层为工作层，在 XY 平面上使用镜像曲线功能快速创建汤匙底部线框，如图 8-42 所示。

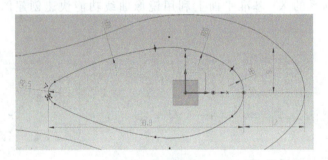

图 8-42　汤匙底部线框

4. 构造汤匙中间线框

设置 24 层为工作层，绘制汤匙中间线框：关闭 21 层，打开 22 层，设置 24 层为工作层，在 ZX 平面上创建汤匙中间线框，如图 8-43 所示。

5. 构造汤匙 A-A 截面草图

设置 25 层为工作层，绘制汤匙 A-A 截面草图：关闭 22、24 层，打开 41 层，设置 25 层为工作层，在 YZ 平面上利用草图"交点"功能依次求出曲线 1、曲线 2 和绘图平面的交点，绘制 R50 圆弧并镜像，快速创建汤匙 A-A 截面草图，如图 8-44 所示。

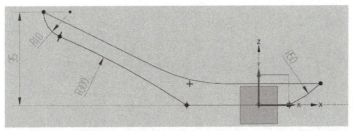

图 8-43 汤匙中间线框

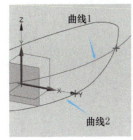
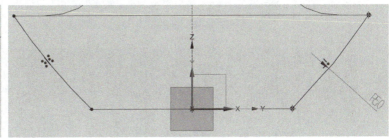

图 8-44 汤匙 A-A 截面草图绘制过程

6. 构造汤匙 B-B 截面草图

1）创建 B-B 截面草图绘制基准平面：设置 62 层为工作层，选择直线端点创建自动判断约束的基准平面（与直线垂直），然后创建一个偏置距离为−25 的基准平面，如图 8-45 所示。

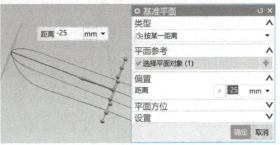

图 8-45 汤匙 B-B 截面草图基准平面创建过程

2）设置 26 层为工作层，绘制汤匙 B-B 截面草图：关闭 25 层，打开 22、24 和 41 层，设置 26 层为工作层，在偏置−25 生成的基准平面上利用 22 层草图绘制 B-B 截面草图，然后利用草图"交点"功能依次求出曲线 1~3 和绘图平面的交点，快速创建汤匙 B-B 截面草图，如图 8-46 所示。

3）绘制完成后的汤匙框线如图 8-47 所示。通过观察可知，汤匙侧面的框线是五边形面曲面，存在着"五边构面"的情况，无法绘出好的曲面，需要添加辅助线将其转变为"四边构面"，提高曲面质量。

7. 构建汤匙建模辅助线

1）创建 A-A 截面两圆弧之间相切连续的桥接曲线：设置 23、24、25、26、41 和 61 层可选，其他层不可见，选择【菜单】/【插入】/【派生曲线】/【桥接曲线】命令，或者单击"曲线"选项卡"派生曲线"面板中的"桥接曲线"按钮，按照图 8-48 所示依次选择曲线生成桥接曲线。

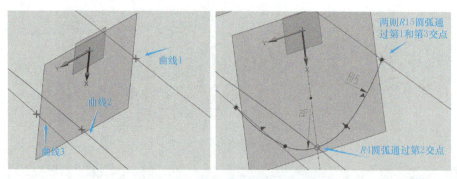

图 8-46 汤匙 B-B 截面草图创建过程

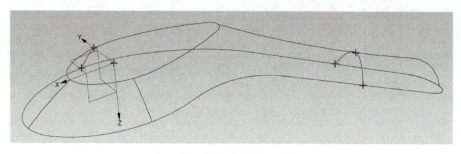

图 8-47 绘制完成的汤匙框线

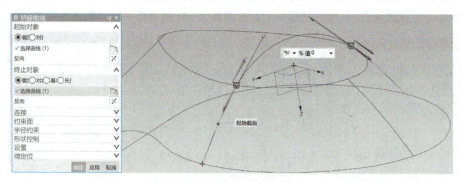

图 8-48 "桥接曲线"对话框

2)创建艺术样条曲线：选择通过点方式，曲线阶次为 2，依次选择图 8-49 所示的两个点，在点 1 处应用 G1 连续约束。

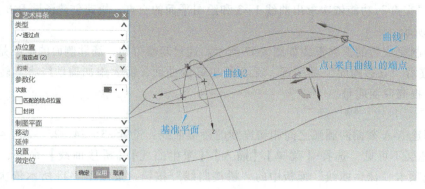

图 8-49 创建艺术样条曲线

8.3.3 创建汤匙曲面

1. 通过曲线网格创建汤匙柄部曲面

1)设置 81 层为工作层,单击"通过曲线网格"按钮 ,依次选择图 8-50 所示的三条主线串(其中主线串 1 为一个点)和三条交叉线串(在选择交叉线串 1 和交叉线串 3 时,应该激活【选择意图】工具条中的"在相交处停止"选项),接受对话框中的默认参数选项,单击 OK,完成网格曲面的创建。

汤匙曲面

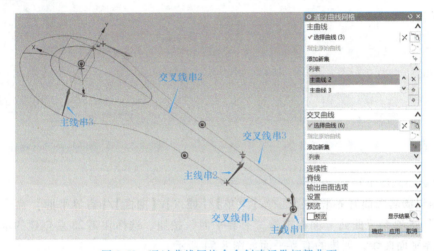

图 8-50 通过曲线网格命令创建汤匙柄部曲面

2)修剪汤匙柄部曲面:选择【菜单】/【插入】/【修剪】/【修剪体】命令,或者单击"曲面"选项卡"曲面操作"面板中的"修剪体"按钮,选择上一步创建的网格曲面作为目标体,工具体为距离 XY 平面 7 的一个基准平面,保证正确的修剪方向,如图 8-51 所示。

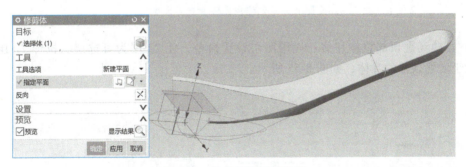

图 8-51 修剪汤匙柄部曲面

3)补全修剪后的汤匙后部缺失曲面:单击"通过曲线网格" 按钮,按照图 8-52 所示,分别指定网格曲面的主线串和交叉线串。在对话框中选择"最后主线串"为"G2(曲率)",单击"选择面"按钮 ,选择被修剪的曲面作为约束面,单击"确定"按钮。

2. 创建汤匙前部曲面

创建汤匙前部的网格曲面：按照图 8-53 所示定义线串构造网格曲面，设置边界连续方式为交叉线串 1 和 3 为 G2（曲率），约束面为已完成的网格曲面。

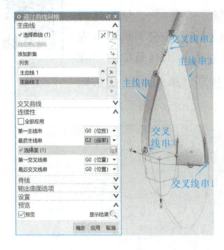

图 8-52　补全汤匙柄部曲面

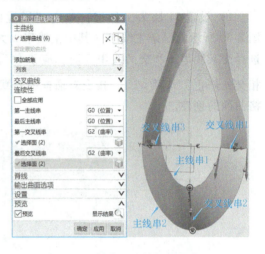

图 8-53　创建汤匙前部网格曲面

3. 创建汤匙底部有界平面和顶部拉伸片体

1）创建汤匙底面有界平面：选择【菜单】/【插入】/【曲面】/【有界平面】命令，或者单击"曲面"选项卡"曲面"面板中的"有界平面"按钮，选择在第 23 层创建的草图作为有界平面边界平面曲线，创建的有界平面如图 8-54 所示。

图 8-54　创建汤匙底面有界平面

2）创建汤匙顶部拉伸片体：应用图层设置命令，使 22 层为可选层。拉伸 22 层草图，得到大于汤匙顶部的片体，如图 8-55 所示。

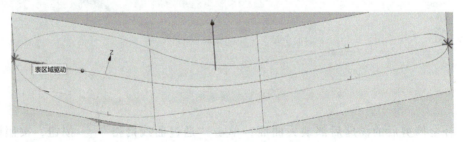

图 8-55　拉伸片体

3）修剪汤匙顶部片体：选择【菜单】/【插入】/【修剪】/【修剪片体】命令，或者单击"曲面"选项卡"曲面操作"面板中的"修剪片体"按钮。打开 21 层草图，设置"投影方向"为 ZC 轴,选择拉伸片体在汤匙内部的部分,选择 21 层闭合的草图曲线作为修剪边界,修剪截面如图 8-56 所示。

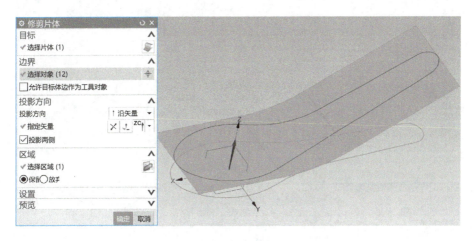

图 8-56 修剪片体

8.3.4 创建汤匙实体

1. 生成汤匙实体模型并完成建模

设置第 1 层为工作层,选择【菜单】/【插入】/【组合】/【缝合】命令,或者单击"曲面"选项卡"曲面操作"面板中的"缝合"按钮,选择任一曲面为目标面,其余所有片体为工具片体,将所有片体缝合成一个实体,如图 8-57 所示。

汤匙实体

2. 为汤匙底部生成圆角

选择【菜单】/【插入】/【细节特征】/【边倒圆】命令,或者单击"主页"选项卡"特征"面板中的"边倒圆"按钮,在汤匙的底部生成 $R3$ 的圆角,如图 8-58 所示。

3. 抽壳完成汤匙建模

选择【菜单】/【插入】/【偏置/缩放】/【抽壳】命令,或者单击"主页"选项卡"特征"面板中的"抽壳"按钮,对汤匙实体进行抽壳操作,壁厚为 1,选择移除顶部的拉伸平面,结果如图 8-59 所示。

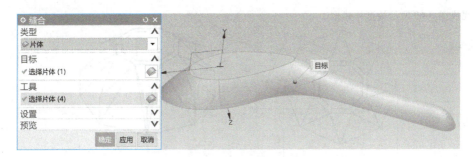

图 8-57 缝合汤匙实体

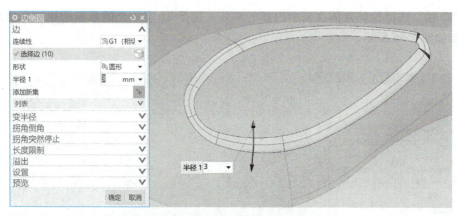

图 8-58　生成底部圆角

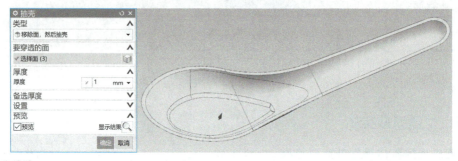

图 8-59　抽壳完成汤匙建模

项 目 小 结

在创建曲面的过程中，对复杂零件可以采用实体和曲面混合建模，能够高效且高质量地完成自由曲面的创建。创建零件的基本形状时，实体造型难以实现的形状就用曲面建模，然后将其结果与实体特征进行各种操作和运算，达到零件和产品的设计要求。

思考与练习

操作题

1. 完成图 8-60 所示棱形体建模。

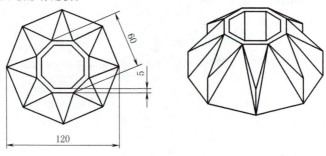

图 8-60　题 1 图

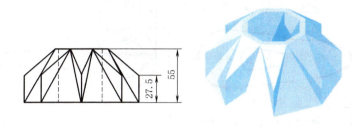

图 8-60　题 1 图（续）

2. 完成图 8-61 所示安全帽的曲面建模：图中两个椭圆的中心重合，且距离底面的高度为 80；抽壳壁厚为 6，外表面周边倒圆角为 R5。

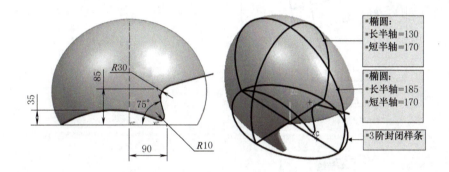

图 8-61　题 2 图

3. 完成图 8-62 所示漏斗建模。

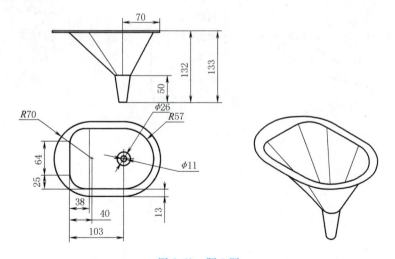

图 8-62　题 3 图

4. 完成图 8-63 所示吹风机建模：壁厚为 1.2，文字突起高度为 0.5，缺少的尺寸读者自定。

5. 完成图 8-64 所示风扇叶片的建模，叶片厚度为 2，未注圆角半径为 R1。

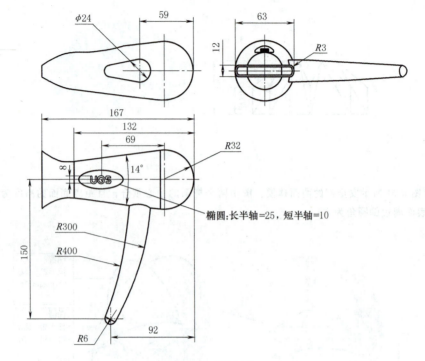

图 8-63 题 4 图

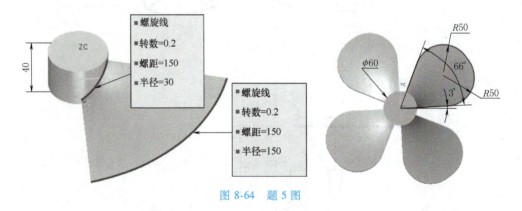

图 8-64 题 5 图